北斗星
名人励志故事馆

"红色少年别样红。"什么是无私而崇高的精神?什么是伟大的信仰和理想?这些"红孩子"的故事也许可以告诉我们一些真实、完美的答案。

徐鲁

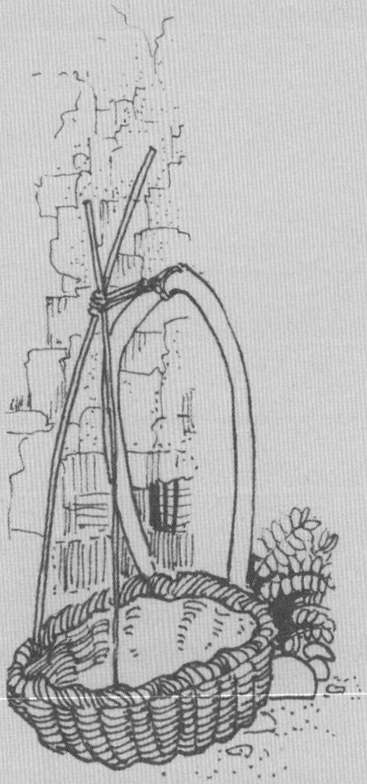

星星火炬

红色少年的故事

徐 鲁 著

时代出版传媒股份有限公司
安徽少年儿童出版社

图书在版编目（CIP）数据

星星火炬：红色少年的故事 / 徐鲁著. — 合肥：
安徽少年儿童出版社，2023.3
（北斗星名人励志故事馆）
ISBN 978-7-5707-1586-2

Ⅰ.①星… Ⅱ.①徐… Ⅲ.①少年儿童–先进事迹–
中国–青少年读物 Ⅳ.①K828.4–49

中国版本图书馆CIP数据核字（2022）第204367号

BEIDOUXING MINGREN LIZHI GUSHI GUAN
北斗星名人励志故事馆
XINGXING HUOJU　HONGSE SHAONIAN DE GUSHI
星星火炬 红色少年的故事　　　　　　　　　　　　　　徐 鲁 著

出 版 人：张 堃	策划统筹：何正国	责任编辑：张 怡
责任校对：王 姝	责任印制：郭 玲	装帧设计：林格伦文化

出版发行：安徽少年儿童出版社　E-mail：ahse1984@163.com
　　　　　新浪官方微博：http://weibo.com/ahsecbs
　　　　（安徽省合肥市翡翠路1118号出版传媒广场　邮政编码：230071）
　　　　　出版部电话：（0551）63533536（办公室）　63533533（传真）
　　　　（如发现印装质量问题，影响阅读，请与本社出版部联系调换）

印　　制：安徽联众印刷有限公司
开　　本：635mm×900mm　1/16　　印张：14.5　　插页：2　　字数：135千字
版　　次：2023年3月第1版　　2023年3月第1次印刷

ISBN 978-7-5707-1586-2　　　　　　　　　　　　　　　　　　　　定价：28.00元

版权所有，侵权必究

致小读者

  1827年的一个玫瑰色的黄昏，两个英俊的俄国少年——14岁的赫尔岑和13岁的奥格辽夫，一起站在莫斯科郊外的一座山岗上，对着西沉的太阳起誓：要为各自选定的理想奋斗到底，甚至不惜献出自己的生命……若干年后，赫尔岑成了俄国著名的哲学家、政论家和文学家；奥格辽夫成了著名的民主主义革命家和诗人。有一天，当他们回想起少年时代的那个黄昏，赫尔岑仍然禁不住热泪盈眶。"不必再说什么了，"他这样写道，"我们的整个一生，都可以为它做证……"

  一代人有一代人的性格特征，一代人有一代人的精神追求，一代人也有一代人的理想和誓言。但无论处于哪个时代的少年人，都有一些共同的特点，那就是崇尚青春，富有理想，钟情于浪漫、高尚的幻梦；而且富有朝气，富有力量，渴望在天上飞翔。

新中国的一代代少年人，有谁不知道毛泽东做学生时写下的"自信人生二百年，会当水击三千里"这两句诗呢？有谁不曾背诵过《钢铁是怎样炼成的》的作者奥斯特洛夫斯基的"人的一生，应当这样度过：当回忆往事的时候，他不至于因为虚度年华而后悔，也不至于因为过去的碌碌无为而羞愧；在临终的时候，他能够说，我的整个生命和全部精力，都已经献给了世界上最壮丽的事业——为人类的解放而斗争……"这段名言呢？有谁没有抄写过马克思在中学毕业作文中所写的"如果我们选择了最能为人类的幸福而劳动的职业，那么，重担就不能把我们压倒，因为这是为大家而献身；那时我们所感到的就不是可怜的、有限的、自私的乐趣，我们的幸福将属于千百万人，我们的事业将默默地，但是永恒发挥作用地存在下去，而面对我们的骨灰，高尚的人们将洒下热泪"这段誓言呢？

《星星火炬——红色少年的故事》这本书，通过一个个生动感人的小故事，展现了在战火燃烧的岁月里，为了新中国的建立，为了祖国的解放和民族的自由而英勇奋斗，甚至不惜献出年轻生命的一代代"红孩子"的成长历程。中华民族是一个伟大的民族，是一个团结友爱的大家庭。热爱祖国，团结齐心，富有理想，热爱劳动，自强不息，助人为乐，勇敢自信……既是伟大的祖先留给我们的美德，也是一代代"红孩子"留给生活在今天的他们的"同龄人"最好的精神财富。这些高尚的美德、纯净的心灵和感人的励志故事，就像珍贵的金子一样，将伴随着今天的孩子成长，帮助他们长成富有美好的感情、坚强的毅力，富有智慧、力量、理想和信念的一代新人。

"红色少年别样红。"什么是无私而崇高的精神？什么是伟大的信仰和理想？这些"红孩子"的故事也许可以告诉我们一些真实、完美的答案。我们坚信，在今天，那些伟大的誓言，那些美好的理想和追求……仍然是高贵而辉煌的，仍然是令人"高山仰止，景行行止，虽不能至，心向往之"的。而且，人们的生活状态越是焦躁和平庸，那些崇高而伟大的理想的光华必将越来越显得宝贵和明亮。也许只有它们，能够教会我们如何度过自己短暂的人生，如何让自己在一种

"大爱"和"大德"中得以升华。我们还相信,对生活,对我们周围一切的诗意的理解,将是童年和少年时代留给一个人的最伟大的馈赠。一个人如果在以后悠长的岁月中没有失去这种馈赠,那他更有可能成为一个富有高尚品德、拥有理想人生的人。

打开这本故事集,让我们一起回到那战火纷飞、旗帜招展、少年壮志不言愁的年代……

徐 鲁

目录 CONTENTS

佩戴红领带的小姐姐……………………001

热血少年…………………………………008

枫树冈的红孩子…………………………015

坚强的小红军……………………………024

最小的女红军……………………………031

将军和"红小鬼"…………………………035

"小喇叭匠"当红军………………………040

火焰一样的山丹丹………………………044

红色小歌手………………………………053

小小"同志哥"……………………………059

小侦察英雄………………………………066

儿童团里的"小先生"……………………074

布谷声声…………………………………081

宁死不屈的孩子…………………………091

小英雄王二小……………………………098

十二岁的小英雄…………………106

小英雄杨来西…………………111

血染桃树沟……………………117

"朱德儿童团"的故事…………126

太行山上的小英雄……………132

宁折不弯的小松树……………141

少年铁血队……………………147

少年英雄谢荣策………………156

抗战中的"孩子剧团"…………167

"新安旅行团"的故事…………178

马背上的摇篮…………………186

"石榴花行动"…………………190

女英雄刘胡兰…………………200

"监狱之花"小萝卜头…………209

战火中的小图书馆……………218

佩戴红领带的小姐姐

罗志群是一名海员的女儿。1925年,"省港大罢工"开始的时候,她才刚满十五岁。为了参加革命,她跟着哥哥从香港来到广州,加入了"劳动童子团",戴上了鲜艳的红领带(那时候还不叫红领巾)。

虽然年纪小,但为了人民的解放事业,她不怕劳累,不怕牺牲,经常带领童子团的小团员们去火车上、轮渡上散发革命传单和刊物,向劳动人民宣传革命道理。

不久,罗志群的哥哥被反动派杀害了。罗志群内心十分悲痛。和哥哥一起参加革命工作的共产党员方叔叔含着眼泪安慰小志群:"孩子,不要哭!纪念你哥哥不要用眼泪，要用行动！你哥哥是一名共产党员，在他入党的那一天，他就宣誓要为解放全人类而奋斗终生。你要向你哥哥学习，永远跟党走！"

小志群擦干眼泪，把悲痛化作力量，继续投身革命事业。

有一天，方叔叔翻开一个笔记本，对小志群说："你看，这上面写的是劳动童子团的决议，党要你们从小接受革命的锻炼，明白自己的使命，为未来的革命做准备，这项任务是多么光荣和重大呀！"

方叔叔还指着本子上的一首歌说："这首歌的名字叫《我们名叫童子团》，就是专门写劳动童子团的。"

小志群把本子捧在手里，跟着方叔叔边看边学唱起来：

……
我们准备好了，
我们永远地准备好了，
我们是穷人的孩子，
我们是将来的花朵，
我们是新世界的主人。

在后来的日子里，罗志群和她的小伙伴邓金娣、周秀珠、陈淑英等，经常一起去串联、发动工人家属，宣传罢工的意义和斗争的情况，使家属们提高了认识，自觉支持海员的革命行动。

她们几个人还经常带着凳子、宣传品，去中央公园、太平南路、西关一带的热闹街道做宣传鼓动工作。有时候，她们把凳子一放，就一边散发宣传品，一边大声演讲。

在这群小伙伴中，邓金娣文化水平不高，但她口齿伶俐，演讲时吐字清楚，热情奔放，很吸引群众。她们还学会了用粤曲、小调等文艺形式，揭露帝国主义和军阀在"五卅惨案""沙基惨案"中迫害手无寸铁的工人的罪行，宣扬革命的道理，借此唤起民众的斗志。

因为罗志群、邓金娣、周秀珠、陈淑英四个人工作出色，斗争坚决，逐渐成为伙伴中的"小领袖"。

1926年9月，省港劳动童子团联合组织成立。罢工委员会为了培养和训练骨干力量，特意举办了一个"领袖班"，把所有童子团成员分成六个队，分别取名为"马克思队""恩格斯队""列宁队""李卜克内西队""卢森堡队""孙中山队"，每个小队十人左右。罗志群被分在"卢森堡队"。

在"领袖班"里，她认真学习政治和军事策略，每天早晨五点起床后，就跟着队伍到广场上操练，学习守营、摸营、捉奸细、救伤、射击等军事技能。通过一个多月的培训和锻炼，她的斗争经验更加丰富，革命劲头更加高昂了。

过了一段日子，由于工作需要，方叔叔又回到香港"泰山号"轮船上工作。不久，船上要成立工会。为了显示工人阶级的力量，为了让大家看到工人阶级的第二代多么了不起，方叔叔邀请海员工会的劳动童子团前去参加成立典礼。

这天，罗志群和四十多个童子团成员来到船上，当时船上一片凌乱。第二天就要举行典礼了，船上需要"打扮打扮"才行啊。于是，小志群和童子团成员连夜忙碌起来。一夜工夫，大轮船就被她们装扮一新，彩旗迎风飘扬，电灯发出明亮的光芒。这时候，虽然外面的气氛异常紧张，可是大轮船上像是在过节一样。

不过，典礼刚刚开始的时候，几十个全副武装的英国籍警察突然气势汹汹地上了船，借口说是奉命来维持船上的秩序，其实是要监视船上的情况。

小志群望了他们一眼，心想：哼！什么"维持秩序"，分明是在监视我们。这个成立典礼一定要办得圆满，办得成功，让你们看看我们工人阶级的力量！

不一会儿，到童子团的代表表演节目的时候了。罗志群和四十多个童子团成员精神饱满，步伐整齐，为大家献上精彩的体操表演。

她们个个胸前飘着红领带，腿上裹着绑布，像是一队威武的小战士。罗志群领头喊口号，童子团成员们个个动作敏捷、整齐有力。她们懂得，这不仅是一次体操表演，也是一次对敌斗争。她们的眼睛里闪烁着勇敢无畏的光芒。

表演结束后，大人们都为她们热烈地鼓掌欢呼。

那些警察看到轮船上的工人兴高采烈，一个个气得脸色发青，却找不到理由干涉。这时，一个警察走到罗志群面前，故意问道："我也认识中国汉字，可是我不懂你们胸前写的'准备'这两个字的意思，你可以解释一下吗？"

罗志群心想：好呀，机会来了！我可要好好教训教训你这个帝国主义列强的走狗！

于是她大声回答道："你听好了，'准备'，就是时刻准备着打倒那些欺侮中国人的帝国主义列强的意思。"

那个警察没想到这个小姑娘会回答得如此迅捷有力，只好自认没趣，悻悻地退了回去。

1927年4月15日，风云突变。广州的国民党反动派向革命者举起了屠刀，广州城顿时被一片"白色恐怖"的阴云所笼罩。国民党警察、特务、走狗到处跟踪、盯梢、追捕共产党员和革命群众，形势变得非常严峻。

两天后，中共广东区委召开紧急会议，制定了反抗反革命大屠杀的措施，决定将组织转入地下活动，同时以广东区委、团委、全国总工会广州办事处、省港罢工委员会、广州工人代表会、广东省农民协会、广东妇女解放协会、广东新学生社等团体的名义，联名发表了《反抗国民党反动派残暴大屠杀宣言》。

罗志群和小伙伴们接到命令，迅速走到街头巷尾，秘密张贴标语，散发传单。每次秘密活动，小志群都走在队伍的最前面。

这一天，她正在大街上散发传单，不幸被特务抓住了。敌人严刑拷打她，逼她说出党的秘密，但她咬紧牙关，一个字也不说。

在她被捕的日子里，敌人对她百般折磨：吊在横梁上"吊飞机"，把她的头往墙上撞，致使她浑身血迹斑斑、惨不忍睹。但她始终坚贞不屈，不断地痛斥敌人，"你们向帝国主义投降，背叛人民，干尽了坏事，现在又向罢工工人下毒手，你们绝不会有好下场的！"

敌人押着她游街，她高昂着头，大声地向群众宣讲革命的真理，揭露敌人的阴谋。她被敌人打得满口含血，但她仍然高声呼喊："中国共产党万岁！"

1927年4月23日，丧心病狂的国民党反动派终于对这个革命少女下了最后的毒手：由广州戒严司令钱大钧下令，以所谓"散发传单、蛊惑民众、谋危政府之罪"，判处罗志群、邓金娣等五人死刑。

在被押赴刑场的路上，人们都怀着悲愤的心情，跟随着囚车，不愿离开。罗志群和她的小战友们面无惧色，昂首挺胸，手里拿着用撕下来的红毯的一角做成的红旗，不断高呼口号：

"打倒帝国主义！"

"打倒国民党反动派！"

"中国共产党万岁！"

罪恶的枪声响过之后，年仅十八岁的罗志群和十九岁的邓金娣等人，一起躺在了血泊之中，为革命事业献出了宝贵的生命。

新中国成立后，罗志群和邓金娣被共青团中央委员会授予"全国十大少年英雄"光荣称号。

热血少年

1914年春天，欧阳立安出生在湖南省长沙市的一个革命家庭里。他的父亲欧阳梅生是中国共产党党员，母亲陶承也是一位长期为党的事业从事秘密工作的革命者。

从很小的时候起，欧阳立安就受到革命思想的熏陶，渐渐明白了许多革命的道理。他知道，父母亲都是"党的人"，他们都是在为全中国穷苦百姓的解放事业而奔忙。

当欧阳立安长大一点了，他就开始帮父母亲做一些力所能及的事情。虽然年纪还小，但是他懂得，做革命工作要机智、勇敢，要胆大、心细。

经过几次小小的考验之后，小立安被上级任命为地下县委的"小交通员"，以小报童的身份，负责传送党的秘密刊物《大江报》。

小立安勤勤恳恳，在每次工作中，都能够出色地完成任务，赢得了父母亲和叔叔们的称赞和肯定。

1927年，大革命失败了。小立安的父亲欧阳梅生也因积劳成疾，过早地离开了人世。父亲的死，使得小立安仿佛一夜之间长大了许多。小立安擦干了眼泪，用小小的肩膀挑起了父亲未完成的革命重担，更加努力地投入工作。

　　1928年，欧阳立安一家从长沙前往上海。他们是受党组织的委托，来和上海党组织接头的。可是，当他们到达上海的时候，才发现接头地点已经遭到了特务的破坏。

　　怎么办呢？在举目无亲的上海，他们只好先找了个临时的栖身之处，准备等安顿好了，再继续寻找党组织。

　　很快，小立安和妹妹在一家纺纱厂当起了童工。

　　在当时，纱厂里的童工生活是异常艰辛的，有时候还要忍受资本家和工头非人的折磨。但是，革命的信念在小立安的心中丝毫没有动摇和磨灭。小立安一边工作，一边悄悄地寻找着地下党组织。

　　经过多次努力，他们总算找到了党组织的秘密联络人。找到党组织，就等于找到自己的家、自己的亲人了。小立安迫不及待地请求党组织尽快给他分配工作。

　　他告诉党组织派来联络他的叔叔："别看我年纪小，但我已经是一个'老革命'了。我愿意继承爸爸的遗志，为革命贡献我的一切！"

不久，党组织委派他担任上海市沪中区委地下交通员，跟随中共上海沪中区委书记何孟雄，到工人中间去秘密组织工人运动。

接到这个光荣而艰巨的任务，小小少年感觉自己身上顿时有了无穷的力量。在那些日子里，欧阳立安经常穿梭于浦东、沪西、闸北、南市一带，在各个纱厂、烟厂的工人秘密组织之间，传递文件，散发传单，宣传革命的道理，鼓动工人起来反抗资本家的剥削和压迫。

1929年冬，十五岁的欧阳立安光荣地加入中国共产主义青年团，并担任共青团沪东区委委员。在此期间，他多次参加上海各界工人举行的抗议罢工、游行示威活动，表现出了一位少年革命者机智果断、不畏艰难、勇往直前的良好素质，经受了一次又一次严峻的考验。

一只矫健的海燕，在暴风雨中奋飞。

一株青翠的小树，在雨雪风霜中变得坚强、挺拔。

不久，十六岁的欧阳立安由他的引路人和直接领导者何孟雄介绍，光荣地加入了中国共产党，成为一名年轻的党员。

1930年6月，欧阳立安又作为中国青年工人代表，跟随刘少奇奔赴莫斯科，参加了国际赤色职工第五次代表大会和少共国际的有关会议，还参加了苏联庆祝

"十月革命"胜利13周年的纪念活动。

这次去莫斯科，使欧阳立安的视野变得更加开阔了，革命的信念也更加坚定了。他激动地对一起出国的同志说："今天的俄国，是列宁的布尔什维克党领导工农打出来的。我们中国共产党，也要领导工农打倒帝国主义，打倒封建主义，打出一个新中国！"

回国后，党组织任命他担任共青团江苏省委委员、上海总工会青工部部长。一个热血少年，已经成为一位成熟坚定的革命者。

1931年1月17日，欧阳立安按照组织的通知，来到上海市天津路上的一个名叫"中山旅社"的秘密地点开会。不幸的是，由于奸细的告密，消息走漏了。他和沪中区委书记何孟雄等同志一起被反动军警逮捕了。

在狱中，面对敌人的各种酷刑和花言巧语的利诱，欧阳立安面不改色、心无所动，表现出一位革命者的凛然正气。

凶残的敌人动用了各种残酷的刑具，妄想撬开他的嘴，让他说出地下组织成员的名单，迫使他在"自白书"上签字。但是，欧阳立安视死如归，没有把党的秘密泄露出半个字来。

审讯中，敌人威胁他说："你们共产党人的骨头究竟是什么做的？难道就不怕死吗？"

欧阳立安义正词严地回答："真正的共产党员，都是铁打铜铸和顶天立地的！这一点，你们是永远不会懂得的！死，算得了什么？为人民而死，我死而无怨！我坚持我伟大的信仰，就是粉身碎骨，也绝不会放弃我的信仰！这，也是你们永远不会懂得的！"

在被关押的日子里，欧阳立安乐观坚强，和敌人坚决斗争。他写过这样一首诗，表达了他爱憎分明的立场和信念（新中国成立后出版的《革命烈士诗抄》中选录了这首诗）：

　　天下洋楼什么人造，
　　什么人坐在洋楼哈哈笑，
　　什么人看门来把守，
　　什么人为工人坚决奋斗？

　　天下洋楼我工人造，
　　资本家坐在洋楼哈哈笑，
　　国民党看门来把守，
　　共产党为工人坚决奋斗！

敌人再凶残，也动摇不了一个年轻的共产党人的坚定信念。1931年2月7日晚，穷凶极恶的敌人终于对欧阳立安下了毒手。在"打倒帝国主义""中国革命成功万岁""中国共产党万岁"的响亮的口号声中,欧阳立安、何孟雄等二十多名共产党员在龙华监狱慷慨赴死,英勇就义。

这一年,欧阳立安年仅十七岁。

他就义的时候,龙华监狱外面的桃花还没有盛开。但是,烈士们的鲜血,浇灌了革命之花。人们说,龙华的桃花为什么年年开得那么艳丽?只因为它们是用无数先烈的热血浇灌的。

枫树冈的红孩子

　　吴家嘴是一个不大的村庄，位于大别山下黄安县（今红安县）河口镇附近的㵐水河畔。这个小村子像当时中国的许许多多古老的村庄一样，贫穷而又落后。村东有一片古老的山冈，山冈上生长着一株高大的老枫树，粗大的树干少说也要四人才能合围。数百年来，老枫树茂密的树冠枝叶纷披，如同一把巨伞。秋季一到，满树的枫叶一片火红，像彩霞，遮天蔽日；像旌旗，迎风招展……于是，不知从什么时候起，"吴家嘴"这个村名，渐渐地被"枫树冈"代替了。

　　年年春雨，年年秋风……

　　1913年2月，农历春节刚过，厚厚的大雪正覆盖着只有十来户人家的枫树冈。这天深夜，从一间小小的土坯屋子里传来一阵阵婴儿哇哇的啼哭声。响亮的啼哭声打破了雪夜的沉寂，也惊醒了睡梦中的枫树冈。

降临在风雪之夜的这个孩子，就是四十多年后被授予中华人民共和国上将军衔的著名战将韩先楚将军。

他是韩家的"独苗儿"，父亲当即给他起了个寄予着厚望的乳名，叫"祖宝"。

祖宝很小的时候，就开始给本村的地主"六裁缝"家放牛。无论晴天雨天，天未亮，他就得先起来打扫牛圈，把牛粪扫进粪窖后，再赶着牛到村西的洼地里去。有一天，牛偷吃了"六裁缝"的庄稼。在一阵谩骂和责打过后，小小的祖宝连放牛的机会也失去了。

祖宝到十四岁的时候，就不得不挑起一副破烂不堪的皮匠担子，走村串户，晃晃悠悠，开始艰难地谋生。

1928年春夏之交，大革命的失败使大别山地区的革命事业处于低潮。国民党反动派协同地方上的清乡团、自卫团等反动势力，对共产党人进行搜捕。愁云惨淡，天低云暗，"白色恐怖"的阴云笼罩着潢水两岸，也使古老的枫树冈进入最黑暗、最悲惨的日子……

就在这样风云激荡的日子里，一大批立志扶危济困的乡村正义之士正在悄悄聚集，准备着自发的斗争。在这些疾恶如仇、血气方刚的贫苦汉子中，就有韩祖宝的姐夫田长松。

这一天，姐夫让祖宝参加了他们的秘密聚会。原来，他们想联络一批穷苦弟兄，偷袭几个作恶多端的土豪劣绅，缴获一批钱财，赈济饥民，帮助他们度过这青黄不接的春荒时节。

离枫树冈不远的桥店，是一个不大的小集镇。桥店镇上的"顺昌米行"，老板名叫吴恒善，自称"善人"，其实比谁都阴险，人称"吴大头"。吴大头不但有钱，而且有势，与清乡团勾结起来，肆意盘剥百姓。靠着"顺昌米行"，他对百姓大秤进而小秤出，尤其到了青黄不接的时节，更是囤积居奇，随意涨价，掺沙掺水，胡作非为。方圆几十里的群众提起这"吴大头"，个个都恨得牙根儿痒痒，可就是敢怒不敢言。

这天深夜，田长松、周良、吴海、韩八等几个血气方刚的穷汉子，还有少年祖宝，聚集在桥店镇北的一处山洼里。

"干吧，田大哥！为咱们穷百姓出口恶气！"这是韩八的声音，他手里的一把杀猪刀寒光闪闪。

第一次见到这样场面的祖宝没说话，但此刻他的心中正回响着这些日子里听来的一支歌谣：

破县城，
杀贪官，
一定要共产。
各乡开大会，
男女倡平权。
义勇队成立，
防务会不变，
军阀劣绅和恶霸，
一定要杀完……

祖宝当然懂得这支歌谣的意思。一腔少年热血正在沸腾。他紧抿双唇，看着自己一向老实寡言的姐夫。他没有想到，姐夫早已成了这群穷哥们的主心骨！他更没想到，共产党员原来就在自己身边。

田长松狠狠地吸了几口草烟，然后一锤砸在一块石头上，对聚集在身边摩拳擦掌的穷弟兄们说："好！为了穷苦百姓，豁出去了！脑袋掉了不过碗大的疤！"

祖宝觉得，这一刻，姐夫真是了不起！

他们往四周看了看，然后围拢在一起，小声地商议行动计划。

这时，深夜的桥店镇死一般的寂静……

两天后的一个深夜，伸手不见五指。

桥店镇的一条南北走向的石板小街，看不见一星灯火。除了远村偶尔传来的几声狗叫，什么动静也没有。看来，整个桥店镇的居民都在沉睡着。

突然，从镇南面的小桥上，迅捷地闪过几个黑影！他们神不知鬼不觉地顺着小巷摸到了"顺昌米行"的黑漆大门前。

不用说，这正是田长松他们。田长松、吴海、韩八和周良分别埋伏在小街两头，监视着整个桥店镇的情况，祖宝则留在米行门前，掏出了一把又薄又小又锋利的皮匠刀。

他将刀尖伸进门缝，吱吱地拨动着那沉重的门闩。可是拨了许久，门闩纹丝不动。

"肯定是上了插销！"

祖宝这样推测着，然后掏出事先准备好的一块白布，朝着小街两头扬了扬，这是在告诉姐夫他们，第一套行动方案行不通了，现在实行第二套方案。

祖宝收起皮匠刀，从裤腰带上解下一个小锡壶，将壶里的豆油慢慢地淋在两扇大门的门轴上，然后掇住一扇大门使劲往上一提——平日里总是吱呀发声的大门，此时悄无声息地被提出了一道缝，正好可以钻进一个人去。

祖宝一挥白布条，几个黑影噌噌地冲了上来，挨个儿钻进了米行大院。

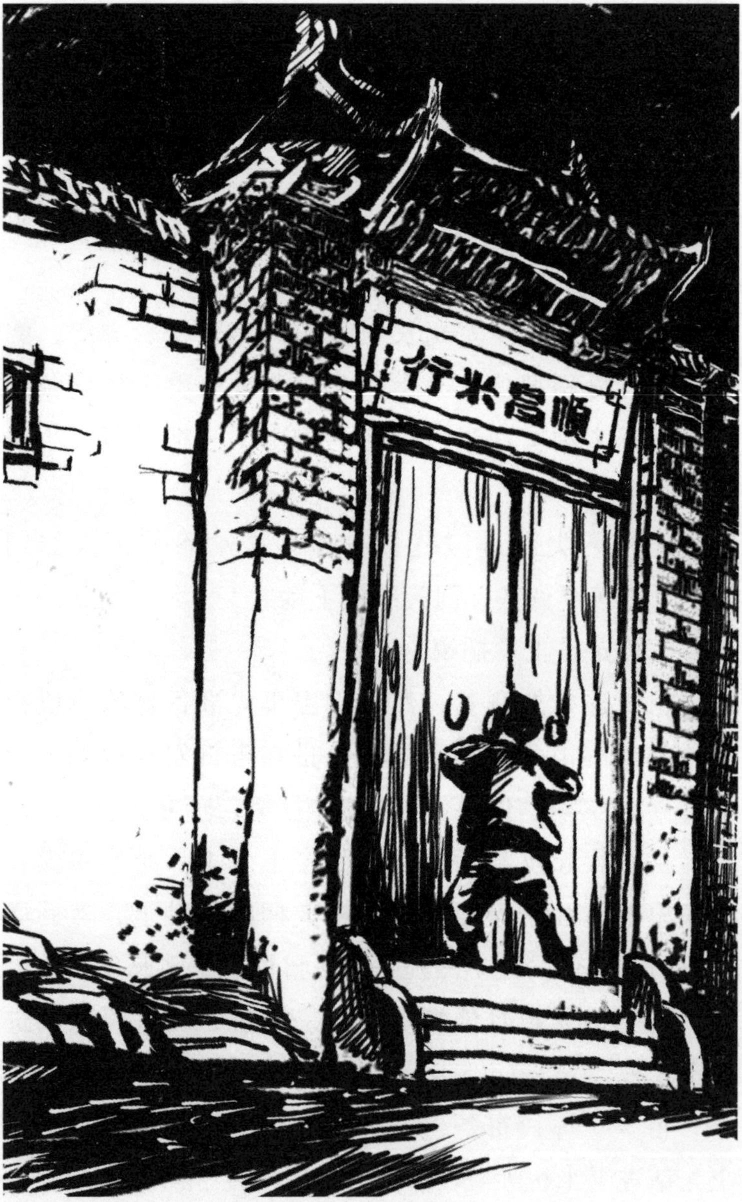
顺富米行

突然，哐啷一声巨响，粗心的韩八把一件铁器碰倒了，这声响在寂静的夜里显得格外清脆。

"谁？是谁？二喜，快起来，有贼！……"

吴大头卧室的灯应声亮了，他大声喊着自己的小儿子吴二喜。也好，他这一喊，正好告诉了祖宝他们，他的卧室在什么地方。

祖宝一急，也来不及多想，借着灯光，像出涧的豹子一样，一脚踹开了吴大头的房门。吴大头和他的老婆还没反应过来，便被四把尖刀抵住了喉咙。

"不准叫喊！谁叫就先送谁上西天！"

吴大头呆若木鸡。他老婆一下子瘫坐在床沿下，如同筛糠一般抖个不停，把一个尿罐也弄倒了。

不等吴大头喊出第二句，祖宝便抓起一只脏袜子狠狠地塞进了他嘴里。

"爹，爹，怎么回事？"

吴大头的儿子惊慌地一边穿衣服一边从厢房那边跑了过来，刚跨进门，一把寒光闪闪的杀猪刀就搁在了他的脖子上，立刻，他吓得气都不敢出了。

看着灯光下这几个人的怒容，吴二喜明白过来了，扑通一声跪倒在地，连声说："好汉饶命！好汉饶命！有话好说，都是乡里乡亲的，好商量，好商量……"

祖宝的皮匠刀逼近了吴二喜："听着！我们今

天来，一是警告你们，以后不许再欺压乡亲，盘剥百姓；二是要你们赶快拿出光洋五百块，救济穷苦百姓，不然，这皮匠刀可不是吃素的！"

"天哪！哪有……哪有那么多的钱！"吴大头的老婆也回过神来了，哭天抢地地嚷开了。

"不许叫！"韩八用刀尖对准了她，"少啰唆！拿还是不拿？"

"拿！拿！我去拿……"吴二喜哆哆嗦嗦地从吴大头的裤腰上解下一串铜钥匙，又从床底的大木箱子里拿出光洋，交给祖宝。

"这都是乡亲们的血汗钱！记着，这只是第一次。欺压百姓的土豪劣绅，是绝没有好下场的。穷苦人的眼睛时刻在盯着你们，共产党就是为穷人做主的。倘若再欺压百姓，这就是你们的下场！"

田长松说着，一刀削掉了半截洋蜡。

"还有，谁要是把这事告诉清乡团，我就先宰了谁！"祖宝使劲地扬了扬手上的皮匠刀。

"还要委屈你们一下，来，都捆起来，堵上嘴巴！"

祖宝把刀往裤腰上一插，说："交给我啦！"

这时，镇上传来了头遍鸡叫声，几个人迅速地离开了"顺昌米行"……

第二天，他们分头把缴来的光洋悄悄分给了附近各个村庄的贫苦农民。农民们不知道，这些钱是农民协会的好汉冒着生命危险从"顺昌米行"缴来的。

首战告捷,这消息暗暗地传到了四周的各个农民协会当中。穷苦弟兄们拍手称快,信心大增。不久,他们又以同样的方式袭击了上新集、河口镇等地的一些土豪劣绅,狠狠地打击了他们的嚣张气焰。

年轻的祖宝,在这最初的斗争中得到了锻炼。他的心中,渐渐有了新的向往。不久,他由姐夫和周良介绍,加入了家乡的农民协会,庄严地站在了鲜红的犁头旗下……

他在一份盖着红色大印的花名册上郑重地写下了自己的大名:韩先楚。

当中国工农红军来到他家乡的时候,十六岁的韩先楚报名参加了村里的赤卫队。从此,他的人生就和中国革命紧紧地联系在一起了。在远方等待着他的,是一条艰辛而漫长的革命道路……

坚强的小红军

美丽的野葱花,
在茫茫的草地上生长。
在那艰难的日子里,
它是红军战士的口粮。

美丽的野葱花,
散发着淡淡的清香。
给红军带来了胜利的希望,
给红军增加了前进的力量。

美丽的野葱花,

盛开在红军走过的地方。
就像珍珠和星星在闪烁,
就像红军的脚印在闪光。

在中国工农红军二万五千里长征的队伍里,有许多年轻的小战士,就像草地上美丽的野葱花一样,顽强地生长着,迸发着年轻的生命的活力。

有一个名叫李登玉的女孩,参加长征时只有十岁。有一天晚上行军,敌人从后面追上来了,枪声叭叭地响着。小登玉拼命地往前跑,没提防脚下,一只脚一下子踢到一块尖利的石头上,石棱把她的小脚趾割断了,鲜血淋漓,疼得钻心。她忍不住哭了。但走在后面的大哥哥、大姐姐立刻提醒她:"不能哭出声,敌人听到会追上来的!"她连忙停止哭泣,强忍着疼痛,把眼泪咽进了肚里,没再哭出一声。

红军强渡大渡河、飞夺泸定桥后,为了摆脱敌人的围追堵截,早日北上与红军第四方面军会合,他们毅然选择了一条人烟稀少、自然条件十分恶劣的前进路线,要爬雪山、过草地。

茫茫无边的草地,处处是烂泥和沼泽,走错一步,就会陷进深深的泥潭。小登玉因为脚受了重伤,走得很艰难。忽然间,她一脚没有踏稳,滑进了可怕的泥潭里,眼看着就要被烂泥淹没。在这紧要关头,身后响起一个严厉的声音："不要动！"小登玉用双手死死地抠住地面，一动也不动。战友们从后面伸过手来，猛地抓住她的胳膊，瞬间把她提了上来。

出发时带的一点干粮早就吃光了，她又饿又渴，又冷又乏，常常拔些草根充饥。就这样，一个十岁的女孩，一位十岁的小红军，经受住了战争岁月里最严酷的考验，终于走完了伟大的长征路。

埃德加·斯诺在《红星照耀中国》（中译本名为《西行漫记》）中，对跟随长征队伍到达陕北的一个红军小战士有过这样的描写：

他穿着布鞋和灰色短裤，戴着一顶褪了色的灰色帽子，上面有一颗模模糊糊的红星。但是，帽子下面那一点也不褪色的红彤彤的脸，闪闪发光的明亮眼睛，你一看到这样的一个小孩子心就会软下来，就像遇到一个需要友情和安慰的流浪儿一样。我想，他一定是非常想家了吧，可是很快就发现自己估计错了。他可不是妈妈的小宝贝，已经是位"老红军"了。他告诉我，他今年15岁，四年前在南方参加了红军。

"四年？"我当时不相信地叫道，"那么，你参加红军时才11岁？你还参加了长

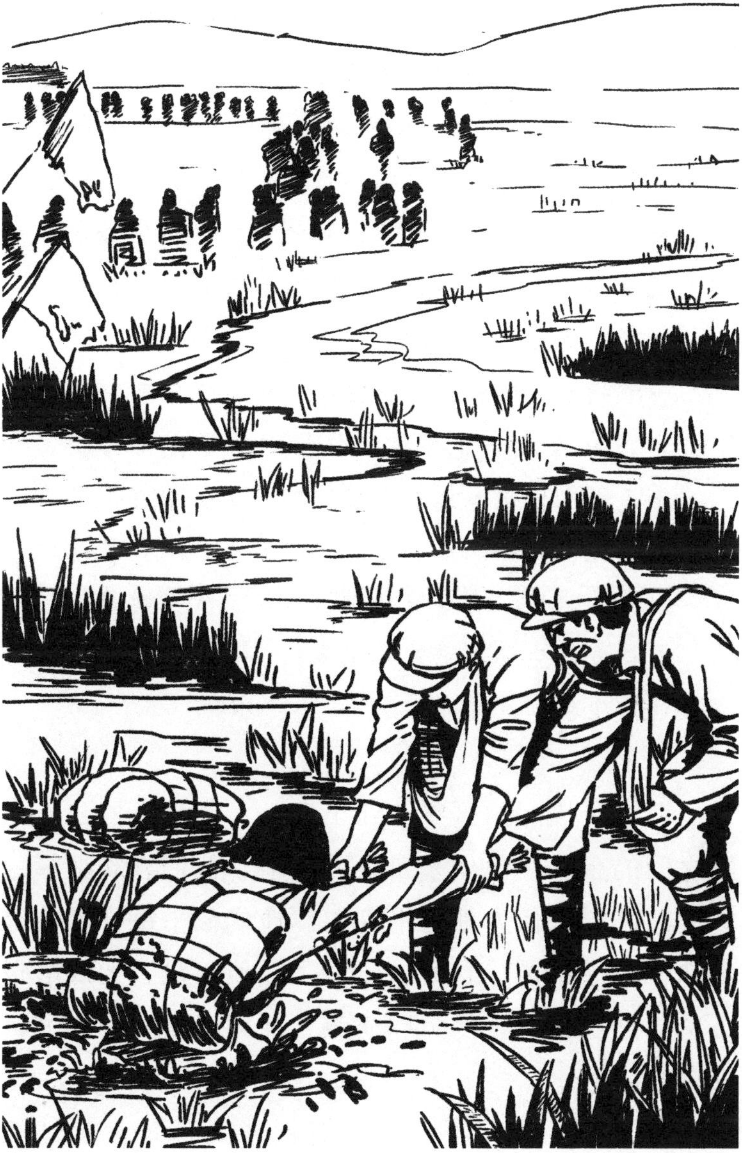

征？"

"不错，"小战士得意和自豪地回答，"我已经当了四年红军了。"

他们大多数人穿的军服都很肥大，袖子垂到膝部，上衣几乎拖到地面。他们说，他们每天洗手洗脸最少三次，可还是脏。他们经常流着鼻涕，常常用袖子揩，露着牙齿笑。虽然这样，但世界是他们的。他们吃得饱，每人有一条毯子，当头头的甚至有手枪。他们有红领章，戴着大一号甚至大两号的帽子，帽檐软垂，但上面缀着红星。他们的来历往往弄不清楚，许多人记不清自己的父母是谁，有些是逃出来的学徒，有些曾经做过奴婢，大多数是从人口多、生活困难的人家来的，并且全都是自己做主参加红军的。

斯诺所描写的这些"红小鬼"，都是十岁到十六岁之间的少年。他们来自全国各地。他们喜欢红军，认为自己跟任何人都是平等的。他们似乎每样事情都参加，当通信员、勤务员、号手、侦察员、无线电报务员、挑水员、宣传员、演员、马夫、护士、秘书，甚至教员……

别看他们年纪不大，却有很多人都是参加过长征，或是在长征途中加入红军队伍的。

"有同志们和你在一起，行军是不苦的。如果要走一万里，我们就走一万里，如果要走二万里，我们就走二万里！"他们总是愉快而乐观，不管行军多么疲乏，只要碰到有人问他们好不好，他们就异口同声地回答："好！"他们耐心、勤劳、聪明、努力，因此，看到他们就会使人感到中国不是没有希望，感到任何国家有了青少年就不会没有希望。

长征路上，还有许多像李登玉这样的"红小鬼"，因为长期的风餐露宿和长途行军，体力得不到补充，特别是在爬雪山、过草地的日子里，仅有的一点干粮吃完了，战士们只好用野菜、草根充饥，就连队伍里的一匹匹战马，也都变得那么瘦削。

不过，战马怎么说也比一些瘦小的"红小鬼"强壮、有力气。于是，有些小战士就想出一个"偷懒"的法子：抓住马尾巴，借助战马的力量，快步前进。果然，这样爬起坡、走起路来就轻松多了。

在红军队伍爬雪山、过草地的时候，不少年少体弱的小战士都"享受"过这种拉着马尾巴行军的"待遇"呢！

红军队伍不仅是一支战斗队，还是一支宣传队。凡是红军走过的村庄、城镇，都会留下一些宣传革命道理的标语、口号。

可是，沿途有不少加入红军队伍的小战士，都是从小放牛、砍柴的苦孩子，从来也没有进过学堂，斗大的字识不了一箩筐。这可怎么办呢？不识字、没有文化，如何去写标语、宣传革命道理呢？

于是，有些小战士就"发明"了一种"看后背识字法"：每当长途行军的时候，他们就把一些难认的生字写在纸上，然后贴在前面战士的后背上，一边走路，一边认字，等学会、记牢一个生字后，再换上另一个生字。在红军队伍里，有许多放牛娃出身的"红小鬼"，都用这种方法识字，还学到了不少文化知识。

最小的女红军

在红军长征的队伍中,有一位年仅十一岁的小姑娘,名字叫王新兰。王新兰是她所在的长征队伍中年龄最小的一位红军。

1924年,小新兰出生在四川省宣汉县一个比较富裕的家庭里。她的叔叔王维舟是中共早期的党员。在叔叔的影响下,小新兰的两个哥哥和两个姐姐先后加入了共产党。

小新兰七岁时,因为人长得小,不容易引起"白匪"和特务的注意,常被党组织派去传递秘密文件。

1933年,红四军进入四川,她叔叔领导的"川东游击军"被改编为红四方面军第三十三军,叔叔担任军长。当时,小新兰还只有九岁。她虽然年幼,但在亲人们的影响下,已经渐渐领悟了不少革命的道理。

红军要长征了,家里只留下小新兰和体弱多病的妈妈。

小新兰天天坐立不安,十五岁的姐姐、红军女战士王新国看穿了妹妹的心思,明白小妹妹是希望跟着红军一起出发。

于是,王新国说服了自己的妈妈,并且鼓励妹妹新兰报名参加红军。

当时,担任红四军政治部主任的徐立清将军接待了她们。

当将军看到小新兰扎着两个羊角辫、个头还没有一支步枪高时,就故意逗她说:"小丫头,你还这么小,到了队伍里能干什么呢?"

小新兰唯恐首长小看了自己,就扯着嗓子说:"干革命还分年龄大小呀?我可什么都能干!"

将军看到她坚定和率真的样子,哈哈大笑:"什么都能干?那你具体说说,你能干些什么?"

"可别小看人呀!我会写字,会跳舞,还会唱歌。对了,我从小就学会了给我们自己人传递秘密情报!"

说着,小新兰还在地上写了一些字让将军看。

"怎么样,这下该相信了吧?"

这时,王新国也在旁边说:"首长,你们就收下我妹妹吧！别看她年龄小，可她已经为党工作好几年了。"

将军一边听着，一边连连点头，说："嗯，不错，不错。真没有想到，你还是一个'老革命'呢！好吧，那你明天就过来吧！"

王新兰兴奋得跳了起来，拉着姐姐就往外跑。

将军突然想起了什么，问道："你家人同意了吗？干革命，可不比在家里生活，那是要远离家人，要吃很多苦的！"

"请首长放心吧，我阿妈早就同意啦！"

"真不愧为光荣之家啊!你们全家人对革命的贡献真大啊!"将军感叹道。

接下来的几天里,姐妹俩把妈妈托付给地方苏维埃组织后,就到红四军报到了。

姐姐新国被分配到红四军政治部宣传委员会工作,妹妹新兰被安排在委员会下属的宣传队当宣传员。

一到宣传队,姐妹俩就开始编演节目、书写标语。

长征路上,小新兰和战友们一起翻山越岭,从不叫苦叫累,也没有掉过队。

不过,因为她的年龄太小了,爬雪山时,有几次她是靠拉着马尾巴才攀上去的;过草地时,她有好几次还骑在红军大哥哥的肩膀上呢。

最终,小小的女红军王新兰,把自己童年的一串串小脚印留在了长长的长征路上。她的童年之花,从家乡的山岭,一直开到了遥远的陕北高原上……

将军和"红小鬼"

长征中的红军将士们,因为长时间在荒无人烟、缺衣少食的冰川和草地上行军,寒冷、饥饿、疾病、伤残、疲劳……日日伴随着每一位将士,甚至有的将军和指挥员也会因过度疲惫而跟不上队伍。

有一天,红军指挥员陈赓将军也因体力不支,渐渐被大部队甩在了后面,暂时掉队了。

大风雪中,将军牵着一匹瘦弱而疲惫的马,一步一步艰难地朝前走着。忽然,他看见前边有一个小战士,跟他一样,也掉队了。

看上去,那个小战士只不过十二三岁的样子,瘦削的脸,单薄的身子,两只脚穿着已经露出脚后跟的

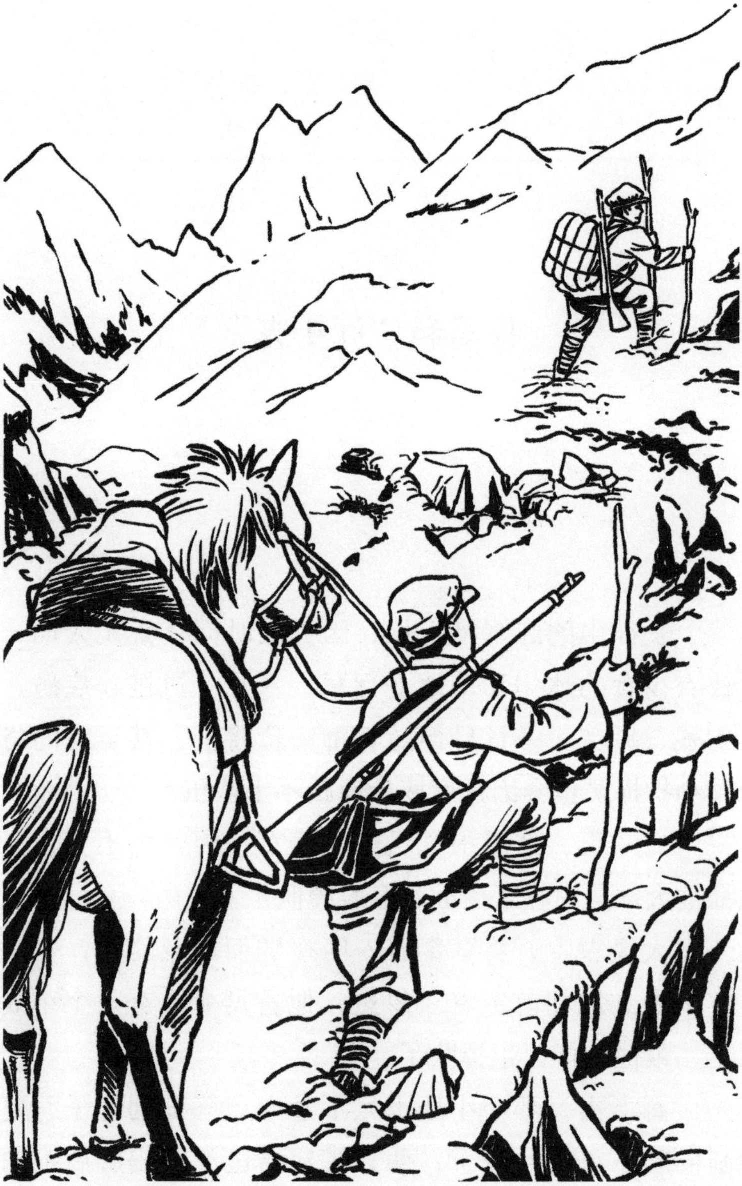

草鞋，被冻得红红的。

陈赓将军急忙追到小战士跟前，说："小鬼，来，你上马骑一会儿吧，我给你牵着马。"

小战士一看这个人，胡子拉碴的，就摆出一副满不在乎的样子，盯着陈赓微微一笑，用一口四川话说："老同志，你啷格也掉队了？我的体力比你强多了，你快骑上马走吧。"

陈赓将军用命令的口吻说："少说废话，上去，骑一段路再说！"

小战士倔强地说："你比我年龄大，要骑马也得你先骑嘛！不信我就同你的马比赛一下啊，比一比看谁走得快吧。"

说着，小战士把腰板一挺，做出个准备赛跑的姿势。

"比赛就免了，那只会更加消耗体力。这样好不好，我们一块儿往前赶路？"

"不，你先走，我还要等我后面的同伴呢！"

"你这个小鬼！还真有股子倔强劲啊！"

将军无可奈何，就从身上取出仅有的一小包青稞面，递给小战士，说："那好，我自己赶路。给，你把它吃了。"

小战士连忙推辞，把自己身上的干粮袋一拉，轻轻地拍了拍，说："你看，我这里鼓鼓的嘛。我还有呢，比你的还多呢。"

将军拿这个小战士没有办法，只好爬上马背，独自朝前走去。

风雪越来越大，冷风吹在脸上，真像被刀子刮着一般。

将军骑在马上，一边赶路一边担心后面的那个身子单薄的小战士。这样大的风雪，他抵抗得住吗？

将军心中记挂着刚才遇见的小战士，又想起他在战斗生涯中见过的另外一些穷苦的孩子。从上海、广州，到香港码头，那些穷苦孩子的面容一个个浮现在他眼前。

"不对，小战士的脸分明是有点浮肿了！我可能受骗了！"

将军想到这里，突然叫了一声，立刻掉转马头，狠踢了几下马肚子，向回奔去。

果然，等将军找到那个小战士时，发现他已经倒在大风雪之中，奄奄一息了。

"小同志，你快醒醒啊！你不该这样固执啊！来，我们一起赶路，我们就快要走出这座雪山了！"

将军吃力地把小战士抱上马背。突然，他的手触到了小战士的干粮袋，袋子里硬邦邦的。里面装的是什么东西呢？

将军掏出来一看，原来是一块烧得发黑的牛膝骨，上面还有几个深深的牙印。

将军全明白了。就在这个时候,小战士微微含笑,在将军的怀抱里停止了呼吸。

将军紧紧搂住小战士,就像搂着自己的孩子一样,泪流满面……

将军狠狠地打了自己一个嘴巴,深深地痛悔着,说:"陈赓啊,你怎么对得起这个小兄弟啊?他可是我们革命的继承者啊!"

将军望着风雪茫茫的前方,心里也更加明白了一个道理:我们拥有这么好的战士,如果胜利最终不属于英勇的红军队伍,那还能属于谁呢?

"小喇叭匠"当红军

生活在姚安县安乐村下湾子的贫苦农民张如经一家,长期过着衣不遮体、房不避风的日子。张如经从小就靠给办红白喜事的人家吹喇叭为生,外号叫"喇叭匠"。

他的二儿子小双喜,人称"小喇叭匠",刚刚懂事,也开始跟着父亲到别人家去吹喇叭,混口饭吃。

1936年4月16日,红六军团十八师五十三团到达安乐村,十四岁的"小喇叭匠"和村里的大人为红军送饭,来到了张氏宗祠前的打谷场上。

红军的司号员拿起军号,吹出了清脆嘹亮的开饭号。

"小喇叭匠"好奇地走过去,对着这只"洋号"

看了又看,摸了又摸。

司号员问他:"小兄弟,你喜欢这只号吗?"

"喜欢啊,谁不喜欢这好看的洋号和好听的调子呢。"

"嘻嘻,小兄弟,这可不是什么调子,这是开饭号,晚上还有熄灯号,早晨还有起床号。你会吹号吗?"

"我会吹喇叭,我从小就跟着阿爹到办红白喜

事的人家里吹起轿号、迎亲号、开饭号、送亲号。不过,我的喇叭没有你们的洋号新,我吹得也没你好。"

"既然你喜欢我们的军号,喜欢红军,那你愿意加入我们吗?"

"我也想去吹号。就怕我年纪太小,你们不要我,我爹妈不放心我去。"

"假若你愿意加入我们红军队伍,我们可以去帮你说服你爹妈嘛!"

于是,"小喇叭匠"领着司号员和几位红军战士来到他家。

他爹一见到红军,高兴地说:"我早就听人说过,红军是老百姓的队伍,是为穷苦人打天下的人民军队。"

战士们对老人说:"多谢老人家对我们的信任!正是因为有这么多老百姓支持我们,我们红军的队伍才能越来越壮大啊!"

老人接着说:"我和乡亲们谈论红军为人民打富济贫的事,地主老财却骂我们穷人是'灯中无油灯不亮,槽中无食猪拱猪'。我看哪,小双喜今天能遇见你们,也是他的福分!与其在家受罪,不如去当红军。请你们收下他吧!"

司号员就问小双喜:"你的大名叫什么?"

老人说："穷人家读不起书，连学名也没起，请你们给他起个学名吧！"

司号员思考了一下说："你'如'字辈下是'从'字辈，今天全家又支持小双喜参加红军，就叫'张从军'吧！"

在场的红军战士和群众热烈鼓掌，都说这个学名起得好。

从此，"小喇叭匠"改名"从军"，并且真的跟着红军队伍从军的故事，就在周围的村庄里传开了。

不久，许多村里的青年都跑到红军队伍的驻地，纷纷要求加入红军队伍呢！

火焰一样的山丹丹

生长在陕北黄土高原上的山丹丹，富有顽强的生命力，无论在多么瘠薄的土地上，无论在多么干旱的地区，哪怕是在岩石的缝隙里，它都能够坚强地扎根、生长，开出火焰一样的花朵。

土地革命时期，在陕北的黄土高原上，有一支英勇的少年武装队伍叫"红军少年先锋队"。在党的领导下，这支队伍跟随着工农红军转战陕甘，打土豪、分田地，发动群众，宣传革命思想，深得当地老百姓的拥护和夸赞。

这个英雄少年组织被誉为"火焰一样的山丹丹"。

事情得从1931年的冬天说起……

那年冬天，一个大雪纷飞的日子里，刘志丹率领的一支红军游击队正在陕甘交界的桥山中执行任务。

雪已经下了几天，山川白茫茫的一片。刘志丹正带领队伍走下一座山，突然发现雪地里躺着两个孩子。他急忙跑过去查看，又趴在一个孩子的胸口上听了听，然后向后招招手说："还有救呢!"说着，他解开老羊皮大衣，把一个冻僵了的孩子抱在了怀里。

经过刘志丹和游击队队员们的抢救，两个孩子苏醒了。刘志丹一问，才知道那个敦实的少年叫王有福，十五岁，是地主家的一个小羊倌。那个黑瘦的少年，名叫赵玉杰，是个小乞丐，因为他爱蹦爱跳，外号叫"跳蚤"。他们两个拿着半张革命传单，相约来到山里寻找"穷人的队伍"，幸好，他们碰上了刘志丹率领的红军队伍。从此，王有福和赵玉杰就跟着红军游击队，参加了革命。

后来，又有十多个穷孩子，在王有福和赵玉杰的带动下，也陆续加入游击队。他们大都十三四岁，最小的小柱子只有十一岁。

有一次，游击队接到紧急任务，正准备出发的时候，突然，从队伍尾部传来了一声"立正"的口令。原来，王有福和他的小队整齐地站在队尾，一个个双脚并拢，胸脯挺起，神气十足地注视着前方。

小队报数完毕后，王有福跑到刘志丹面前立正敬礼，大声报告："王有福小队应到十一人，实到十一人，一个不少！"

刘志丹望着这些神色坚定的孩子，和游击队的另一位领导人谢子长交换了一下眼神，说："好吧，稍后指挥部讨论一下，我们正式成立一个娃娃班！"

果然，在第二天，娃娃班就正式成立了，王有福被选为班长。刘志丹还给他们派来了一位名叫边德荣的叔叔，担任娃娃班的指导员。

边德荣是陕西耀县交王村人，是一位勇敢的游击队队员。参加革命后，他曾经担任陕甘边区骑兵连连长（可1936年，他在一次激烈的战斗中英勇地牺牲了）。

他来到娃娃班之后，每天带着孩子们进行军事训练，还教他们唱歌，给他们讲革命故事，很受孩子们爱戴。

有一天晚上，大部队驻扎在艾蒿洼这个小村里，娃娃班驻扎在离艾蒿洼二里多路的另一个小村里。夜正深沉，孩子们都在酣睡，突然，从艾蒿洼那边传来了一阵阵枪声。

机警的王有福一骨碌爬了起来，赶紧叫醒了大家。

等到小伙伴们提起小马枪、梭镖、大刀跑出村，登上高高的崖顶一看，黑压压的敌兵正在机枪的掩护下，不断地向艾蒿洼村发动进攻，不用说，游击队的处境十分危险。

王有福果断地给小伙伴们下了命令：狠狠地打，牵制住敌人，给游击队创造突围的时机！

于是，一场激烈的战斗开始了。这股敌兵，是陕北有名的大土豪张廷芝的队伍。他们万万没有想到，在他们背后的石崖顶上，会突然出现一支小小的游击队。

小游击队队员们这一仗打得十分及时和漂亮，不仅给被围困的游击大队解了围，而且狠狠地打压了张廷芝的嚣张气焰。

1932年2月22日这天，在甘肃省正宁县三泉原的一个操场上，中国工农红军陕甘游击支队授旗典礼隆重举行。

会上，游击队总指挥谢子长宣布：王有福和他的娃娃班，正式改名为"红军少年先锋队"。刘志丹把一面绣着"中国工农红军陕甘游击支队少年先锋队"的红旗授给了少先队队长王有福。

在鲜艳的旗帜下，王有福和他的队员们庄严宣誓："为了中国人民的解放事业，要紧跟着红军队伍，永远向前，战斗到底！"

红军少先队成立后，跟随着红军游击队，转战在陕甘宁边区的黄土高原上，打土豪，分粮食，学文化，学军事技能，宣传革命思想，就像一朵朵火红的山丹丹花，迎风怒放；又如一团团在黑夜里燃烧的火焰，给苦难的年月带来了光明和温暖。少先队的队员们每到一处，都深受当地老百姓的拥护和欢迎，也使土豪劣绅们闻风丧胆。

随着革命形势的发展，红军游击队不断壮大，每支红军队伍里都有几个团，每个团里都设置了一个少先队或先锋连。

到了1935年秋天，红军少先队的队员已经有两三百人，成为红军队伍中的一支活跃的战斗力量。

1935年10月，毛泽东率领的中央红军到达陕北高原。转战陕北的红十五军团，全力配合中央红军，在直罗镇打了一场震惊中外的大胜仗！

直罗镇战役发起当天，战斗变得异常激烈。红军向敌人猛扑，决心攻下直罗镇。敌人负隅顽抗，以猛烈的火力、密集的扫射，阻挡红军前进，许多红军战士中弹牺牲。

此时，在一处山梁上，有十二名少先队的队员，正在紧张地注视着这场战斗。其中有一名小队员，名叫小柱子。看见许多英勇的红军战士倒在了敌人的枪口下，小队员们焦急万分。

为了干扰敌人，减少敌人机枪火力对红军主力的威胁，小柱子想出了一个主意。他和其他队员用干粮袋和衣裳包了很多松散的黄土，悄悄地从山头绕到了敌人背后。

当时，大风刮得很紧，小柱子和队员们居高临下，不停地向敌人的阵地抛撒尘土，敌人顿时睁不开眼睛。趁此机会，小队员们向敌人扔出了几枚手榴弹，炸得敌人阵脚大乱。山下面的红军见状，趁机攻上山梁，一鼓作气，拔掉了敌人的机枪火力点。

敌人边打边退，最后落荒而逃。可是，十二名少先队的队员却不幸落入了敌人的魔爪之中。

气急败坏的敌人把十二名小战士押送到了师部接受审问。

一个敌军军官恶狠狠地问道："你们是什么人？"

"干革命的！"

"打反动派的！"

两名小队员义正词严地回答道。

"好大的气焰！你叫什么名字？"敌军军官又问道。

"我叫红军战士。"小柱子毫不畏惧地回答道。

敌军军官觉得这样问下去，肯定问不出什么名堂，就改变了脸色，用好话利诱小队员们说："你们一定知道包围我们的红军有多少人。如果从实说来，我会重重有赏的！"

"呸！谁稀罕！"小柱子不屑地说。

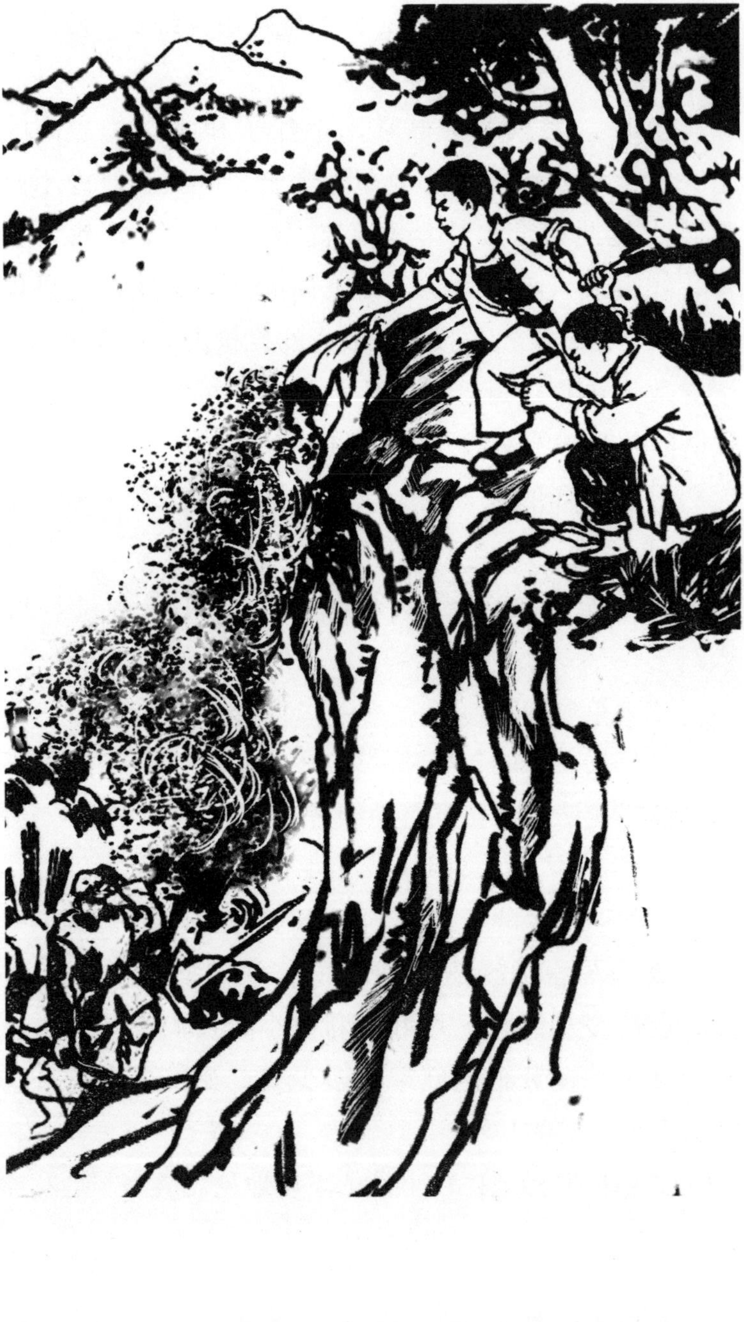

"那要怎么样你才说？"敌军军官追问。

"给我竹板，我就说。"小柱子说。原来，小柱子在少先队里喜欢打竹板。

"这里没有竹板，我用马刀敲击枪杆，你快说。"长着一对"猫头鹰眼"的敌军军官以为有希望，就赶紧敲出了一个节奏。

只听小柱子随着节奏，一字一句说道：

> 猫头鹰眼，先别转，
> 包围你的红军你看不见！
> 满西北，遍江南，
> 人数好有几万万。
> ……

后面的小伙伴听了，也都跟着小柱子，大声地说起了快板。

"猫头鹰眼"军官气得暴跳如雷，大声吩咐手下："给我去挖一个大坑！我看他们是不想活了！"

小柱子和他的伙伴们却一点也不畏惧，继续说着快板：

> 同志们，别难受，
> 红彤彤的太阳在前头。

> 站好队，齐步走，
> 我们少年先锋队，
> 不怕活埋，不怕杀头，
> 永远跟着共产党，
> 向前走呵，向前走！
> ……

可是，没等小柱子说完，穷凶极恶的敌人就对他下了毒手，坚强的小柱子倒在了敌人罪恶的屠刀之下！

杀害了小柱子，敌人觉得还不解恨，又丧心病狂地把另外十一名队员也残忍地杀害了。

可敬的是，这些坚贞不屈的小战士，这些在红军队伍里成长起来的少先队的队员，宁愿牺牲自己年轻的生命，也没有向敌人吐露半点红军的机密。

著名的直罗镇战役胜利后不久，中国共产党领导的全国抗日战争开始了。王有福和他英勇的队员们，高举着鲜艳的红旗，高唱着《抗日少年先锋队队歌》，就像一股小小的、一往无前的铁流，继续进行着如火如荼的抗日斗争，向着党和人民需要他们的地方，大踏步地走去！

在这些小战士走过的地方，火红的山丹丹开得更加艳丽、更加热烈。

红色小歌手

张锦辉出生在福建省永定县金砂乡一个贫苦农民的家里。

1928年,张锦辉才十三岁。这一年,共产党领导穷苦农民在她的家乡发动了武装革命,建立了苏维埃政府。小锦辉报名参加了共产主义儿童团和苏维埃政府领导的宣传队。

第二年,毛泽东、朱德率领的中国工农红军来到了她的家乡闽西。小锦辉作为一名宣传队员,跟着宣传队四处奔波,走遍了家乡的每一座山岭。宣传队到哪里,哪里就有小锦辉的歌声。

小锦辉从小就有一副和百灵鸟一样亮丽的好嗓

子，最喜欢唱家乡的山歌。乡亲们常常隔着山也能听见她的歌声。

为了号召群众参加红军干革命，小锦辉将乡亲们喜欢听的山歌曲调编成《十劝歌》，动员家乡的哥哥们参加红军。

一劝哥，莫恋家，
哥当红军妹当家。
穿起军衣拿起枪，
放下锄头和犁耙。

二劝哥，莫恋家，
家中一切休管它。
一心一意参军去，
消灭"白匪"为大家。

……

在她动人的歌声里，很多人都报名加入了革命队伍。人们看到小锦辉的歌声有这么大的力量，都管她叫"红色小歌仙"。

1930年早春时节，小锦辉跟随宣传队来到与"白匪"占据的地方交界的西洋坪村，开展宣传工作。

村里的人听说"红色小歌仙"来了,连很少出门的老婆婆都挂着拐棍出来听她唱歌。只见小锦辉清清嗓子,用清脆的嗓音高声唱起了一首《救穷歌》:

头一冤枉是工农,
穿件衣衫补千重,
三餐顿顿番薯饭,
住间屋子尽窟窿。

土豪放债剥削你,
还有劣绅欺侮你,
有钱无理变有理,
无钱有理不理你。

穷苦的乡亲们听了她唱的歌,都不住地点着头。通过这些朴素的山歌,张锦辉和宣传队其他队员们把革命的火种播撒在了各个角落。革命的道理也像熊熊的篝火一样,照亮了大家的心。

当天夜里,张锦辉和区苏维埃政府主席等人被热心的乡亲们留了下来。晚上,他们继续给乡亲们讲述红军的故事和革命的道理。

不料,村里有一个暗藏的坏蛋跑去告了密,两三百名"白匪"连夜包围了西洋坪村。张锦辉和区苏维埃政府主席等人不幸被捕了。

敌人忌惮她的歌声,用尽办法折磨和利诱她,妄想使她屈服。

敌人的一个团长亲自审讯她,对她说:"小丫头,听说你的山歌唱得不错,给我们唱一支吧?"

"哼!我的山歌是唱给穷人听的,决不唱给坏蛋听!"小锦辉响亮地回答道。

"那么,只要你说出红军和赤卫队在什么地方,我们就送你到大城市去学唱歌,过好日子!"

"呸!要我说出红军和赤卫队在哪里,真是白日做梦!"

团长碰了一鼻子灰。

敌人摆出了各种刑具,威吓她说:"你小小年纪,就不怕受皮肉之苦吗?"

小锦辉大义凛然,怒斥敌人:"你一双狗眼不识人,这些东西只能吓唬吓唬软骨头。"

团长气得咆哮道:"嘿!小共产党员!难道你就不怕死吗!"

张锦辉冷笑道:"怕死?怕死我就不闹革命了!告诉你们,就是上刀山入火海,我也决不皱皱眉头!"

接下来,凶残的敌人审讯了小锦辉三天三夜,但是小锦辉顽强不屈,一个字也没说。

疯狂的敌人无计可施，就把小锦辉押到了刑场上。

一九三零年农历四月十八日，正是当地逢集赶圩的日子。小小的集镇上人来人往。

敌人要对小锦辉下毒手了！

只见小姑娘昂首挺胸，视死如归，高声唱起了《国际歌》。

见此情景，圩市上的许多乡亲都掉下了眼泪。

唱完《国际歌》，张锦辉面对着流泪的乡亲们，又唱起了家乡的山歌：

不怕死来不贪生，
天下事情妹敢当。
一心革命为穷人，
阿妹敢去上刀山。
扛起红旗呼呼响，
工农红军有力量。
共产党万年坐天下，
反动派日子不久长。
穷苦工农变士兵，
希望大家要齐心。
打倒反动国民党，
何愁天下不太平。

清脆的歌声吸引来更多的乡亲,人越围越多。张锦辉唱了一首又一首,响亮的歌声深深地打动了乡亲们的心。

敌人被她的歌声吓破了胆,对着手无寸铁的小姑娘举起了枪。

罪恶的枪声响了!

张锦辉高声喊出了最后的口号:"中国共产党万岁!红军万岁!"然后她倒在了血泊之中,倒在她的家乡汀江旁边的一棵大松树下。

这一年,她只有十五岁。

这位"红色小歌仙"英勇地牺牲了。呜咽的江水,好像母亲一样,在轻轻呼唤着小锦辉的名字……

小小"同志哥"

1927年7月,共产党员方志敏接受党的委托,回到他的家乡弋阳,秘密组建了二十多个党、团支部,又将当地的农民武装悄悄串联和集中了起来。

这年11月,方志敏见时机已经成熟,就发动和领导弋阳一带的农民武装,举行了一次声势浩大的农民起义,创建了赣东北革命根据地,建立了赣东北苏维埃政府。

当时的革命形势十分严峻,国民党反动派和地方反革命势力随时都会反扑而来。为了巩固苏维埃政权,粉碎敌人疯狂的"围剿",苏区人民在方志敏等共产党人的领导下,为保卫已经取得的胜利果实,进行了英勇而艰苦卓绝的斗争。

当地的"红孩子"们也纷纷组织起来，参加了火热的革命斗争。

那时候，苏区的"红孩子"们都参加了"共产儿童团"。儿童团团员们的年龄大都在七到十四岁之间。别看他们年纪不大，在那个特殊的年代里，这些"红孩子"一个个都像小小的火种一样，在偏僻的山乡和村寨里燃烧。

1930年秋天，弋阳北乡大豪绅黄宗派出了七个狗腿子，到苏区搞反革命活动。这一天，十二岁的儿童团团员郑子辉突然发现了这几个鬼鬼祟祟的可疑分子，他立即报告给乡里的赤卫队。赤卫队不动声色，悄悄跟踪和追查，当场抓到了几个蓄意破坏的坏蛋，使苏区人民免遭损失。

可是，敌人非常狡猾，他们一看到有儿童团团员在站岗放哨，就会想方设法躲开他们。

俗话说，"魔高一尺，道高一丈"！为了更巧妙地识破敌人的阴谋诡计，揪出那些潜藏的反革命分子，儿童团团员们也暗暗地改变了斗争的策略。

例如，他们放哨的地方并不固定，也不插红旗，只是几个人集合在一起，看上去像是小伙伴们在做游戏，谁也看不出他们是在悄悄放哨。等到可疑的陌生人到了跟前，他们才大喊一声"站住"，然后一齐围上去，仔细检查。

　　这些儿童团团员在站岗放哨时，警惕性都很高，一点也不马虎，不管对方是谁，没有路条就决不让通过。当时，在儿童团中流传着这样一首红色歌谣：

　　　　站岗同志要认真，
　　　　要把路条查分明。
　　　　不怕首长此路过，
　　　　父母相见无私情。

　　他们的机智、勇敢和细心，赢得了苏区人民的称赞。
　　1931年，正是春暖花开的时候，方志敏带着警卫员张天喜，从葛源出发到四周的乡村去巡视。路过弋阳西坑村的时候，几个手握红缨枪的儿童团团员满脸警惕地拦住了他们。
　　"你们是什么人？有路条没有？"一个儿童团团员问道。
　　"哎呀！没有路条，怎么办啊？"张天喜故意撒了个谎。
　　"方主席说过，没有路条，谁也不能通过。"
　　"哦，对了，方主席是这样说过。不过，你们眼前的这个人，就是方主席呀！"张天喜指着方志敏说道。
　　"谁相信呀！"儿童团团员们都没有见过方志

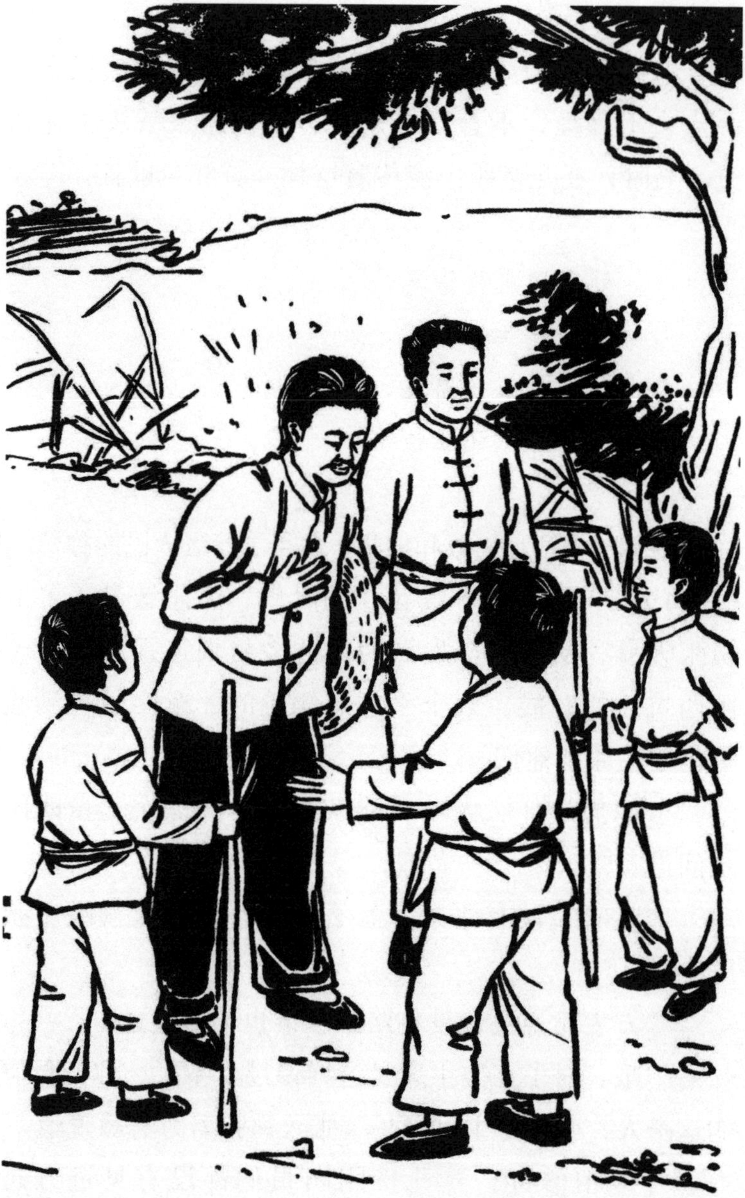

敏，就硬"押送"着他们到乡苏维埃政府去"说说清楚"。

直到见着乡里的干部，儿童团团员们才知道，这个人果真就是方志敏主席。儿童团团员们都不好意思起来，没想到方志敏却当众表扬了他们："你们做得很好呀！小同志哥们，你们很负责，真是好样的！儿童团团员站岗放哨，就应该像这样提高警惕，严防奸细潜入！"

除了站岗放哨、查看路条，这些儿童团团员还经常在家乡贴标语、唱歌、散发红色传单，鼓动青年人参军参战。

当时，这些小小的"同志哥"都会演唱这样一首赣东北儿歌：

哎呀来……
红军哥哥最光荣，
劳苦工农都钦敬，
法令优待十八条。
同志哥！
家中田地有人耕！

儿童团团员们不仅到处演唱这样的歌曲，而且在生活中也是这样去做的。有的小伙伴家中有人参加了红军，缺乏劳力，儿童团团员们就去帮助军属和烈属们种田、挑水、砍柴、拾粪，什么样的活儿也难不住他们。

儿童团团员们最喜欢做的事情是去慰劳红军叔叔们，因为从红军叔叔们那里可以听到许多革命的故事和道理。因此，凡有红军从家乡路过，儿童团团员们总会争先恐后地去迎接，排着队在路旁呼喊着口号：

"欢迎红军哥哥、红军叔叔！"

"消灭进攻苏区的敌人！"

红军战士们要住宿，他们就扫地铺席、安置床铺。红军战士们要在驻地和乡亲们联欢，儿童团团员们都是最活跃的小演员。他们有的还学会了写字、写信。家里有亲人在前方打仗的，他们就会帮助这家人写信，鼓励亲人在前线英勇杀敌。

那时候，村里的妇女大都缠足，既影响生产劳动，又摧残身体。儿童团团员们就到处宣讲放足的好处，宣传男女平等，还唱《放足歌》给村里的姑娘和小媳妇们听，鼓励她们放足、剪发，"解放"自己。

每逢儿童节、红五月、巴黎公社纪念日、十月革命节，儿童团团员们都要举行大检阅，检阅的内容丰富多彩：文化成绩、政治测验、操练和野外演习、唱歌、演戏，等等。在1932年的红五月中，弋阳苏区举行了少先队、儿童团"大比武"，比武内容不但有红缨枪、梭镖，还有他们自己制造的"老虎箭""地老虎"等"土武器"。

看着儿童团团员们手持木枪，学着红军战士的样子有模有样地进行着严格的军事操练，中央苏区参观团的首长们都很高兴，由衷地称赞这些儿童团团员是革命队伍里不可缺少的小小"同志哥"。

在后来的日子里，赣东北苏区的儿童团在上级的领导下，在几次反"围剿"斗争中，都发挥了积极的作用。他们的光荣事迹传遍了家乡的每一个角落。

小侦察英雄

中国工农红军在长征的路途中,无论走到哪里,都受到了贫苦百姓的夹道欢迎。老百姓们渐渐明白,红军是为穷苦百姓打天下的,因此,他们都把红军视为自己的子弟兵。

可是,国民党反动派对红军却怕得要死、恨得要命,总是想方设法阻挠和"围剿"红军。他们对所有与红军亲近、舍生忘死保护红军的老百姓,也施尽了凶残的搜捕和迫害手段。

红军队伍经过福建省龙岩县的时候,就发生了这样一个故事。

1930年冬天的一个早晨,一群"白匪"荷枪实弹地冲进了龙岩县的一个小村庄里。

原来,他们派出的密探获得了一个消息:有一支红军队伍驻扎在这个小村子里。可是,敌人搜遍了村子的里里外外,也没有发现一个红军战士的影子。

其实,这时候,我们的红军队伍早已接到命令,在头天晚上就悄悄撤走,转移到安全的地方去了。

搜捕不到红军,"白匪"气急败坏,就想在当地的老百姓身上施展淫威。就在这时,从一间屋子里走出来一个衣衫褴褛的少年。"白匪"一看到他,就凶神恶煞般地扑过去,说:"肯定是共党的探子,快抓起来!"

少年说:"凭什么说我是探子?你们讲理不讲理?"

一个领头的"白匪"一把抓住少年的衣领说:"哼,凭什么？我一看就知道你已经'红'到骨髓里去了！快说，把红军藏到哪里去了？"

"快说实话，不然就一枪毙了你！"旁边的几个"白匪"也凶恶地叫嚣着。

少年故意装出一副惊慌失措的样子，说："我不是什么探子，我是个叫花子。不信，你们可以进屋去看看我睡的地方。"

"白匪"进去一看，果然看见他睡的是一间乱草房。再看看他穿得破破烂烂的样子，最后只好把他给放了。

"快滚吧！真倒霉！忙活了大半天，只碰到一个小叫花子！"

那么，这个少年是谁呢？他真的是一个小叫花子吗？

当然不是的。原来，这个机智的少年名叫郭滴海。他出生在一个革命家庭里，哥哥、姐姐都是共产党员。小滴海从小就受他们的影响，懂得了许多革命道理。现在，小滴海也像哥哥、姐姐一样，在悄悄地从事一些革命工作。

这不，昨天后半夜，驻扎在村子里的红军部队一接到命令，立刻就悄悄开拔了。

昨天夜里，小滴海在一间草房里睡着了，大家仓促之间没有找到他。等到天亮他醒来的时候，刚一出门，就遇到了"白匪"，于是就发生了刚才那一幕。

多次的斗争经验已经让小滴海懂得了不少战略战术。他见"白匪"暂时还没有离开村子，心想，没准"白匪"还有什么花招。于是小滴海也不急着去找红军部队。他决定留在村子里，把"白匪"的真实意图和活动情况摸清楚，然后将情报送给红军。

主意一定，小滴海就以小叫花子的身份做掩护，一连几天都在"白匪"周围转悠，暗暗观察和探听他们的意图。

几天下来，小滴海终于把这股"白匪"的活动规律摸清楚了，然后他就找机会悄悄溜出了村子，找到了隐藏在邻近村子里的一名红军侦察员，把情报详细汇报了一番。

几天后，红军队伍悄悄摸了回来，把这股"白匪"一个不漏地全部解决了。

战斗结束后，红军将士们都称小滴海是一个勇敢机智的小侦察员。

从此，少年郭滴海就干脆长期装扮成叫花子，深入"白匪"的各个驻地，悄悄地帮红军侦察敌情、收集情报。哪里有"白匪"驻扎，这个"小叫花子"就会在哪一带出现。

又有一次，"白匪"将上杭、永定两个县交界的地方作为据点，日夜修筑碉堡等工事。

郭滴海打探到这个情报后，心想，这可是一个非常重要的情报,应该尽快告诉红军,让红军早早地拔掉这颗"钉子"。

他冒着危险,进一步侦察了一番之后,就飞快地赶到县城,把这个消息报告给了县苏维埃政府主席。当时,我们的红军主力正在外地活动,只有一个独立团的兵力可以参加战斗。在兵力上敌众我寡,况且敌人还修筑了许多军事工事,我军如果硬攻,交起火来,形势对红军非常不利。

经过一番分析之后,县苏维埃主席和独立团团长决定采用引蛇出洞的打法,事先布下埋伏,再把敌人引诱出来,一举歼灭他们。

怎样才能引蛇出洞呢?派谁去把敌人引诱出来呢?

这时,郭滴海站出来说:"把这个任务交给我吧!"

大家都担心他是否有把握。他说:"第一,我对敌人的兵力和方位了解得比大家清楚;第二,我年纪小,又是一个'叫花子',他们中有的人见过我,所以我不会引起他们的怀疑;第三点最重要,别看我年龄小,可我也是一个'老侦察员'了,我胆大心细,知道怎么对付他们!请首长放心吧,我保证完成任务!"

事不宜迟,首长们略一研究,就点头同意了。接着，他们把诱敌的方法、伏击的地点，以及时间和信号等详细情况，都向郭滴海做了仔细的交代。

"小海子，这一战非同一般，一旦失手，形势对我们非常不利，可能带来很大的伤亡，因此，你一定要随机应变，不能露出一丝一毫的破绽，按时把'蛇'引出'洞'来！"首长又叮嘱郭滴海说。

当天夜里，郭滴海神不知鬼不觉地摸到了"白匪"的营地，然后装作气喘吁吁的样子，向敌人报告说："报告官长，有……有情况！红军有五十多人到了前面的村子，现在分散到各家睡觉去了。"

"白匪"营长半信半疑，打量着这个"小叫花子"，问道："真的吗？你要是谎报军情，我会一枪崩了你！"

"我可不敢撒谎！你们要是不信就拉倒，反正去不去打红军，那是你们的事！"

"小叫花子！嘴还挺伶俐！那你再回去看看，如果情况属实，立即回来报告。"

郭滴海说："我就是得知了情报，才快步跑来给你们报告的嘛！我刚才出村子的时候，已经被红军的哨兵发现了，如果不是我跑得快，早就没命了。我再也不敢回去了，要回去的话，你们和我一起回去。"

"胆小鬼！几个红军就把你吓成这个熊样儿了！""白匪"营长一边骂骂咧咧地召集队伍，一边又对郭滴海说道,"好吧,我们现在就去,你在前面给我们带路。"

郭滴海故意装出一副害怕的样子:"官长,我……我害怕!"

"有我们呢,你怕什么?又不是叫你去打枪,没事的!"

"那好,我给你们带路。"郭滴海嘴上勉强答应着,心里甭提有多高兴了,他心想:"没事的"?待会儿"有事"了,就有你们受的!

出了"白匪"的营地,郭滴海不声不响地朝前走着,"白匪"跟在他的后面。不一会儿,敌人就全走进了红军的埋伏圈里。

这时候,夜色正深,郭滴海乘"白匪"不备,一溜烟钻进了路旁的一片密林里,然后大声喊道:"首长,快打呀!这些坏蛋一个也不要放掉!"

"白匪"这才醒悟过来,他们中了红军的引蛇出洞之计,可是已经晚了!

埋伏了许久的红军独立团用猛烈的火力向"白匪"发起突然袭击。"白匪"死的死,伤的伤,活着的早就吓得哆哆嗦嗦,乱成一团,只有缴枪投降的份儿了。

这场伏击战打得真是非常快捷、漂亮!仅仅用了几十分钟,红军就把两百多名"白匪"彻底地消灭了。

天亮了，红军开始清理战场，战士们在密林中的石堆旁找到了郭滴海。只见他的胳膊上、脸上被树枝和乱石头划开了很多条口子，鲜血直流。因为流血过多，加上劳累过度，他昏迷不醒。

县苏维埃主席把他抱在怀里，战士们为他包扎伤口。

不一会儿，郭滴海苏醒过来。

看到首长和战士们，他忙问："白狗子都被消灭了吗？"

"都消灭了，小海子！一个都没有跑掉！我们打了一个漂亮的大胜仗！你可是立了大功了。"县苏维埃主席称赞道。

"嘿，我们的小侦察员现在真的成了一位名副其实的英雄侦察员啦！"红军首长感慨地说。

不久，郭滴海成为一名光荣的新四军战士。

1941年，震惊全国的"皖南事变"爆发了，蒋介石背信弃义，把枪口对准了中国共产党领导的新四军。许多新四军战士含恨牺牲了，郭滴海也英勇牺牲在了皖南战场上。

新中国成立后，国防部部长张爱萍将军曾写文章提到郭滴海，称赞他是一位了不起的"侦察英雄"。他的英雄事迹，也被刊载在《中国儿童团故事选集》中，激励着新中国的一代代少年儿童。

儿童团里的"小先生"

1932年10月1日,被誉为"人民教育家"的陶行知先生在上海市郊区宝山县大场孟木桥这个地方,创办了一所提倡抗日救国、半工半读的新型学校——"山海工学团"。

不久,他又在上海市沪西区开办了"晨更工学团"和"朱家角工学团"两所平民学校。

众所周知,陶行知先生是一位著名的爱国教育家,他创建的"工学团",既是实践他的"生活教育"学说的场所,又是共产党的地下组织秘密活动的联络点。这样的平民学校,十分适合地下人员以教书先生的身份隐蔽活动。

1933年初，共产党领导的"左翼教育工作者联盟"（简称"教联"）和"中国青年反帝大同盟"（简称"中青"）两个革命组织的地下人员，就隐蔽在工学团里，在这里开展活动，宣传革命道理。

1933年秋天诞生的"赤色儿童团"，也是当时一个由共产党领导的、隐藏在山海工学团里的少年儿童组织。在这个组织里，不少教书先生都是中共地下党员，他们经常给学生们讲述中国共产党领导工农群众反抗压迫、翻身闹革命的故事，宣传反帝爱国的革命道理。

儿童团的成员，除了山海工学团的学生，还有附近村庄里的一些向往革命的"红孩子"。

儿童团团长张健、副团长张杰，当时都是"报童工学团"的学生。儿童团受上海市地下党领导，具体工作由共青团沪西区委负责安排。

在儿童团成立后短短一年多的时间里，这些"红孩子"秘密开展了各式各样的革命活动。

例如，他们负责当好"小先生"，宣传抗日救国的理念。这些儿童团团员一边帮助那些因家境贫穷上不起学的乡村小伙伴和一些有进步要求的青年农民认字、念书，一边利用这样的机会，给他们宣传东北义勇军的抗日故事，告诉乡亲们抗日救亡的道理，激发大家的爱国热情。

有一次，儿童团团长张健作为上海市儿童界代表，出席了由宋庆龄组织的各界欢迎以英国前陆军大臣马莱爵士为首的"反战同盟代表团"的会议。

当马莱爵士前往山海工学团参观时，陶行知先生指定小张健参加了接待活动。在座谈时，马莱说："英国对于日本侵略中国的行为非常气愤，英国是支持中国人民抵抗日本侵略的。"

这时候，小张健站起来对他说道："先生，你们英国支持我们反对日本侵略是对的，可是您知道吗？英国支持的并不是中国人民革命活动，而是国民党镇压中国人民的暴力行径。"

接着，小张健一五一十地向马莱揭示了当时上海英租界工部局支持国民党捕杀中国共产党人和爱国群众的事实。

小张健有理有据、满怀正义感的申述，使马莱无言以对。

事后，陶行知先生高兴地说："谁说'弱国无外交'啊？我们今天看到的，就是一个名叫'小张健舌战马莱'的成功的'外交事例'呢。"

除了当好"小先生"，孩子们还积极参加一些社会公益劳动，例如铺路、筑堤、生产劳动，等等。

在1933年这一年里，这些"红孩子"兴致勃勃地参加了修筑鲍家桥到侯家宅，侯家宅到石角坟、沪太路，沈家楼到孟家木桥几段道路的劳动，还参加了修建沈家楼鱼塘堤岸的劳动。通过参加这些劳动，孩子们不仅得到了身体上的锻炼，而且认识到"劳动创造世界""劳动创造生活""劳动者最神圣"等道理。

当然，唱歌、演戏等文艺演出更是孩子们的拿手好戏。

那时候，每到五一劳动节等节日和七七事变、九一八事变这样的"国耻日"，儿童团就外出举行各种各样的文艺演出。

他们在乡村的打谷场上，在田间地头，在小镇的集市上，给乡亲们表演哑剧《活捉日本鬼》，唱《锄头歌》《农夫歌》等劳动歌曲。这些"劳动歌"，也都是陶行知先生亲自改编的。

例如《锄头歌》，就是倡议工农联合起来，反对黑暗势力的剥削和压迫的：

> 手把个锄头锄野草呀！
> 锄去野草好长苗呀！
> 依呀嗨，呀呵嗨……
> 光棍的锄头不中用呀！
> 联合机器来革命呀！
> 依呀嗨，呀呵嗨……

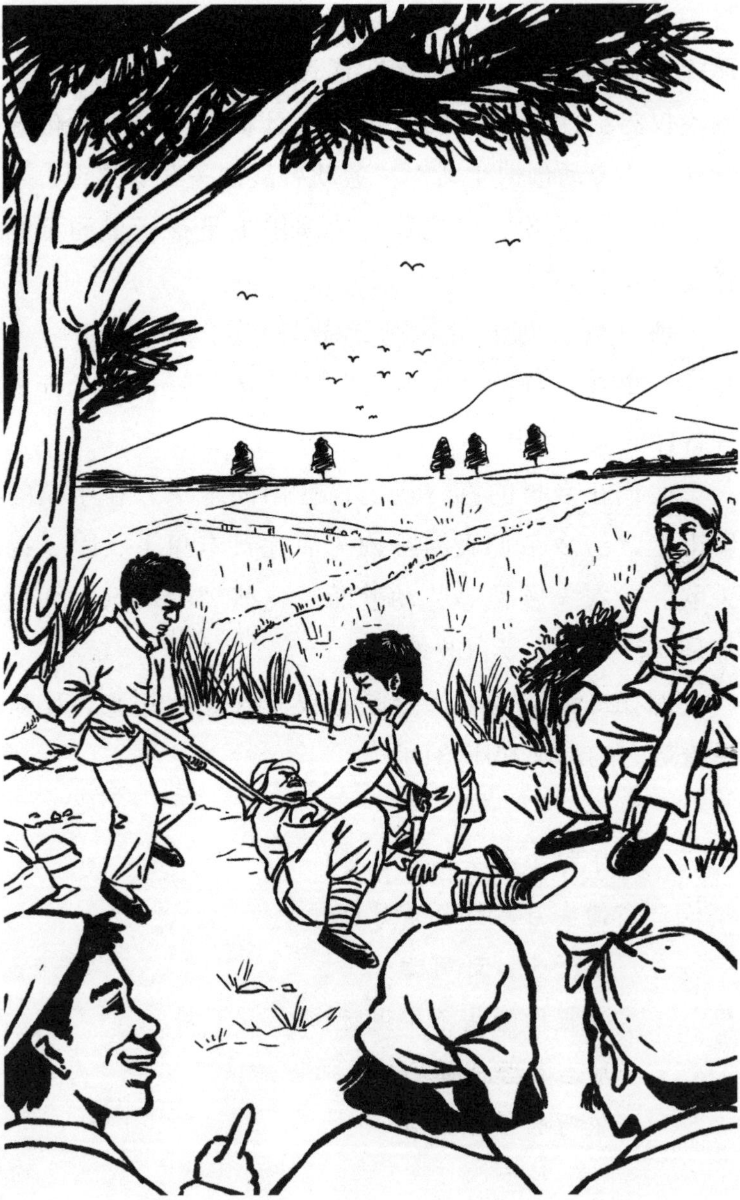

《农夫歌》则是反映中国农民痛苦生活的：

> 穿的树皮衣，
> 吃的草根饭，
> 背上背着没卖掉的孩子，
> 饿煞喊爹爹。
> 牵着牛大哥，
> 去耕别人田，
> 太阳晒在背，
> 心里如油煎。
> ……

这些歌词通俗易懂、旋律简单优美的歌曲，不仅演唱起来十分容易，乡亲们听到后也容易懂得其中的道理。因此，儿童团的演出小队无论走到哪里，都会受到乡亲们的欢迎。

当然，儿童团的活动也引起了国民党反动派的恐慌。他们经常派出便衣特务，甚至派出警察，骚扰和威胁山海工学团总部。最后还罗织罪名，抓走了山海工学团的团长。

"难道宣传爱国抗日精神也有罪吗？"陶行知先生多方奔走，据理力争，最后总算营救出了一些被捕的教书先生。但是，山海工学团已经被国民党反动派盯上了，天天处在特务的监视之中。

1935年春，中共地下党组织出于安全考虑，也为了保存有生力量，不得不将一些地下党员撤离工学团，少数留下来的，日后工作变得更加隐秘，因此也更加艰苦了。

儿童团的团员们，也被迫把活动变得更加隐秘了。

但是，他们在乡亲们心中播撒下的革命种子，却在田间地头悄悄地发芽、开花。

孩子们坚信：春天的到来，毕竟是不可抗拒的！

布谷声声

1925年，郑明德出生在浙江省平阳县西南的凤林村。

她的父亲郑海啸，是中共平阳县委书记。那时候，平阳一带是共产党领导的游击区，中共浙江省委书记刘英就常常在她家落脚。

小明德从很小的时候起，就懂得了许多革命道理。每次刘书记来，都会教她唱歌，给她讲革命故事。

有一次，刘书记给她讲了革命家方志敏的故事。天真善良的小明德越听越入神。当她想到方志敏伯伯热爱祖国、热爱人民、大公无私的崇高品质时，脸上露出了钦佩的神色。当刘书记讲到方志敏伯伯为了革命事业，大义凛然地英勇就义的时候，小明德幼小的心灵受到极大的震动，忍不住哭了。

革命的种子，正在一个"红孩子"的心中悄悄萌芽。

小明德十二岁的时候，伟大的抗日战争全面爆发了。明德虽然年龄还小，但是对日本侵略者充满了仇恨。那些日子里，她经常跟着大人去参加一些抗日救亡活动。

她教乡亲们唱抗日歌，参加义卖活动，办妇女识字班，各项工作都做得很出色。在一些群众大会上，小小年纪的她用洪亮的声音向老百姓宣传革命道理和抗日主张。

1938年春天，粟裕将军率领的部队要北上抗日。为了给部队准备充足的衣服、军鞋和干粮，中共平阳县委号召各村群众积极支前。

小明德多方奔走，去村里做宣传动员工作，还把自己家里的被单、衣服拿出来裁剪了，做军鞋用。

在小姑娘的鼓舞和带动下，凤林村家家户户都响应县委的号召，在很短的时间里就赶做了四百多双军鞋。

1940年，"皖南事变"爆发后，国民党反动派"白色恐怖"的阴云笼罩在浙南乡村上空。共产党领导的地下组织的处境更加艰难了，许多党员和群众被捕，甚至惨遭杀害。

可是，小明德并没有被这样艰苦的环境给吓倒。

她坚信，黑夜会过去，黎明会到来；寒冬会消退，布谷鸟将会唤来美丽的春天！

在一个漆黑的夜晚，她毅然告别体弱多病的妈妈和年幼的妹妹，离开了自己熟悉的家，随着革命队伍出发了。她小小的心，在想着为全中国人民的解放事业贡献出自己的力量。

就在她离家不久后的一天，凶恶的敌人一把火把她家的房子烧毁了。妈妈在大火中丧生了，幼小的妹妹也被抓了起来。在行军路上，郑明德得知了家人的遭遇后，强忍着泪水，咬紧牙关，把国仇家恨一起吞咽进了肚子里。她的革命意志更加坚定了。

从此以后，郑明德在一次次斗争中经受了最严峻的考验和磨炼。

有一段时间，她在中共平阳县委宣传部附设的流动"红星图书馆"工作。那段日子里，她经常一个人背着二三十斤重的图书和宣传品跟随部队前进，从来不叫苦、不叫累。

一到宿营地，大家都休息了，郑明德却不知疲倦地教身边的同志识字、学文化。在军政干部训练班学习期间，她是最勤奋的学员。她早起晚睡，在革命的岁月中，在严峻的考验下，栉风沐雨，百炼成钢。

1941年3月，年轻的郑明德光荣地加入了中国共产党。站在鲜艳的党旗下，她举起右手，庄严地宣誓：

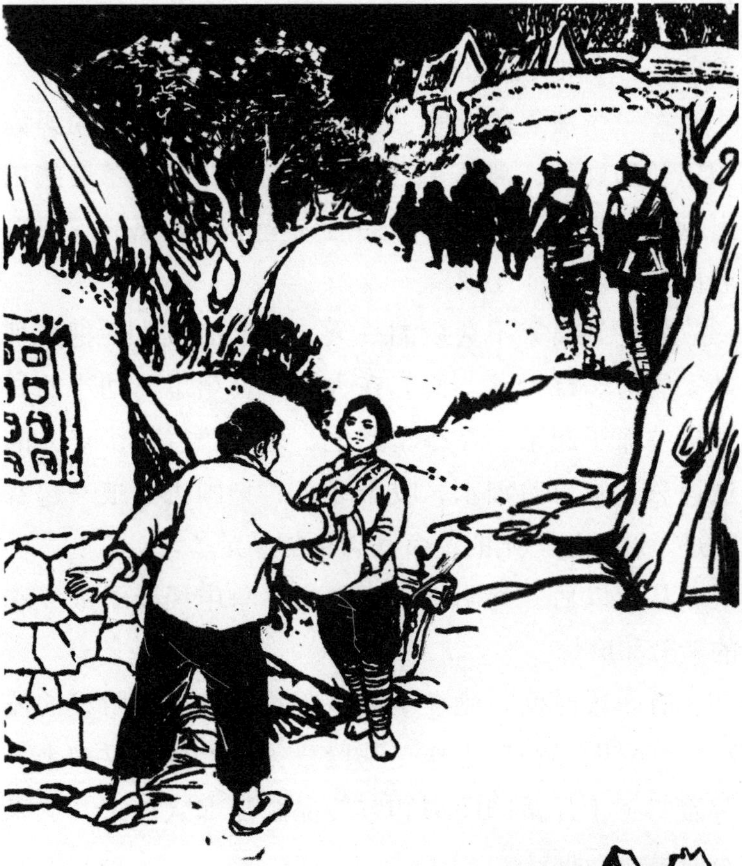

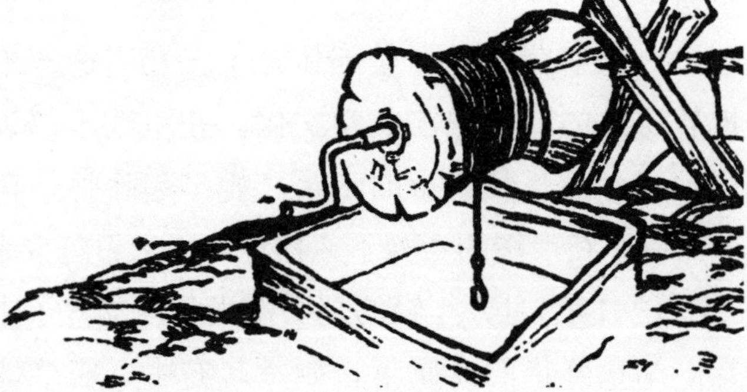

"为共产主义事业奋斗终生！"

入党之后，组织要派郑明德到环境更艰苦、斗争更激烈的平西区开展工作。临行前，父亲语重心长地嘱咐她："孩子，平西那里的群众基础目前还十分薄弱，斗争条件异常艰苦，你要有充分的思想准备。你要时时刻刻记住，你是党的女儿，要经得起任何考验……"

明德坚定地回答："爸爸，您放心，我已经是一名党员了，在任何时候，我都会牢记您这位老革命家的话，不会给党抹黑和丢脸的！我也一定会完成党交给我的光荣任务。您自己多保重。"

那年夏天，郑明德等十多个同志，在一次秘密转移中，被敌军发觉了。当时，郑明德脚病发作，加上整整一天一夜的急行军，她又累又饿，几乎跑不动了。但是，她强忍着伤痛，依靠惊人的毅力，坚持向前赶路。

就在这时，一颗罪恶的子弹飞来，打中了她的腿，鲜血直流。郑明德再次倒下了。

旁边一个同志说："我来背你。"

郑明德毅然推开了他，果断地说道："不要管我，保存党的实力要紧！你们快走吧，情况紧急，我不能拖累大家。"

"可是，我们不能丢下你不管啊……"同志们含着眼泪说。

"没事的，要革命就会有流血和牺牲。你们先走，不要耽搁时间了。无论如何，都要继续坚持斗争，革命到底！"

同志们只好暂时把她藏在了附近一个隐蔽的山沟里。

但是，狡猾的敌军顺着血迹到处搜索，最终，郑明德不幸落入了他们的魔爪之中。

郑明德被捕后，被押到了瑞安。一个叛徒指认她是中共平阳县委书记郑海啸的女儿。这时候，被老百姓称为"杀人魔王"的国民党下阳县县长张韶舞欣喜若狂，马上命人把她押解过去。

张韶舞以为，郑明德只是个黄毛小丫头，只要好好哄骗或恐吓一下，就不难让她说出共产党的一些机密。

于是，张韶舞亲自审问郑明德。结果，郑明德毫不畏惧这个杀人不眨眼的刽子手，义正词严地把他驳斥得哑口无言。

一计不成，再施一计，张韶舞派他的爪牙郑学沛来到监狱，企图以同乡之情，软化郑明德的态度。这一招，同样被郑明德识破，郑学沛遭到了她的一顿痛骂。

张韶舞只好再次出马，带着丰盛的酒菜来到狱中，假惺惺地大献殷勤，妄图使郑明德有所动摇。

可是，郑明德早已识破了这些败类的嘴脸，她声色俱厉地痛斥张韶舞："快点收起你那一套把戏吧！

想让我当叛徒，真是看错了人！"

"难道你就不怕我翻脸不认人吗？你要明白我的厉害……"

"你的厉害，只能用来对付那些软骨头！"

"我会叫你求生不得，求死不能！"

"哼，你早已罪恶滔天、恶贯满盈了！你决不会逃脱人民对你的审判！"

张韶舞招数施尽，凶相毕露，叫刽子手把大刀架在郑明德的头颈上，歇斯底里地狂叫道："再给你三分钟时间想想，不然我就……"

郑明德面无惧色，斩钉截铁地回答道："共产党员顶天立地，会在你的屠刀下求饶吗？"

张韶舞黔驴技穷，就命手下对郑明德实施了一系列惨无人道的刑罚。但是，敌人的酷刑丝毫不能动摇郑明德的意志。尽管她一次次被敌人折磨得昏死过去，却始终没有吐露出党的半点机密。

在一年多的监狱生活里，郑明德时时牢记着自己的使命。只要没有被审问，她就忍着伤痛，给难友们宣传革命道理，在狱中传唱革命歌曲。

一个偶然的机会，她从女看守那里得知一个重大消息：国民党保安团正在悄悄地部署兵力，准备向瑞安边境游击区发起进攻。

她心里很着急，就想方设法托前来探监的人将这一情报送了出去。当地游击队获得这一情报后，迅速转移，避免了一次重大的损失。

当时，监牢里的条件十分艰苦，难友们常常被虐待，大家的伙食也非常差。郑明德设法和男牢房里的共产党员取得了联系，然后联合起来，在狱中以绝食的方式进行斗争，最终取得了胜利。

郑明德被捕后，中共平阳县委非常焦急，多次设法营救。但是，狡猾的敌人对郑明德的监视非常严密，营救计划没有成功。

郑明德得知组织正在设法营救自己时，心急如焚。因为她知道，敌人戒备森严，营救的风险非常大，弄不好会给组织带来更大的损失。于是她马上托人给组织带信，让组织从大局出发，不要因为营救她一个人而付出更大的代价。

1942年6月27日，天色阴沉。

杀气腾腾的敌人将牢房门打开了。

虽然敌人对郑明德软硬兼施，用尽各种手段，但她坚贞不屈，守口如瓶。丧心病狂的敌人向她下了最后的毒手。

郑明德知道，自己最后的时刻到来了。她从容地整理了一下头发，拖着沉重的脚镣，迈出了牢房，向走廊两边的难友们一一告别。

"同志们，请坚定信念！中国革命一定会胜利的！大家要坚持到底，斗争到底！胜利一定是属于我们共产党人的！"

郑明德从容镇定，毫无惧色，鼓舞着其他难友们。

由于她身体虚弱，双脚溃烂，凶残的敌人把她架上人力车，拉向了刑场。

在去往刑场的路上，郑明德脱下脚上的一双新力士鞋，对拉人力车的老人说："老乡，我们都是穷人，这双鞋还是新的，可我用不上了，你收起来吧！这些坏蛋杀了我之后，肯定也是要把这双鞋子抢去的，我什么都不能留给他们！"

老车夫含着热泪，难过地摇摇头，把车停了下来。

旁边的敌人对老人一阵拳打脚踢，用枪顶着老人的脑袋，逼着他继续拉车前进。

在刑场上，郑明德昂首挺胸，直视着刽子手说："你们这些狗东西，你们的手在发抖吗？今天你们杀了我，不久后的某一天，会有人给我报仇的！你们猖狂不了多久的！胜利一定是属于我们的！"

最后，郑明德高呼口号："打倒国民党反动派！""中国共产党万岁！"

一声枪响过后，郑明德的鲜血洒在了故乡的大地上。

她牺牲时，年仅十六岁。

她用短暂而灿烂的年华在故乡大地上谱写了一曲青春之歌。

第二年春天,在她的热血浇灌过的大地上,布谷鸟的声声呼唤变得更加嘹亮而急切,杜鹃花也比往年开得更加艳丽、灿烂……

宁死不屈的孩子

师冬至是一个在苦水里泡大的孩子。

他出生在中国北方乡村的一个贫苦的家庭里。他的爸爸惨死在日本鬼子的刺刀下；他的姐姐从小就被卖给别人家当"童养媳"；他的三弟出生后，家里穷得实在是没有能力抚养了，妈妈就含泪将三弟送给了别的人家——因为无力抚养而把亲生骨肉送人的事，在旧中国的农村是常见的。这是苦难的生活给贫穷人家带来的深重的伤痛。

为了生存，妈妈带着小冬至和年幼的小弟四处流浪，几天吃不上一顿饱饭也是常有的事。

幸好，共产党领导的人民解放军来到了他的家乡。解放军把小冬至以及无数像他一样的穷苦孩子从水深火热之中解救了出来。因此，小冬至从小就对共产党的队伍怀有深厚的感情。

春去秋来，小冬至就像一棵经冬历春的小白杨树，在故乡的大地上迅速成长起来。

在他十来岁的时候，他就当上了村里的儿童团团长。

当了儿童团团长后，小冬至带领全村六十多个孩子站岗放哨、传送情报、盘查可疑的路人，为保卫家乡立下不少功劳，常常受到上级领导的夸奖和表彰。

农忙时节，小冬至还会组织儿童团团员去给一些军属、烈属家里做帮工，给村里的孤寡老人干农活。

这一天，小村庄里一片欢腾的景象。因为共产党的队伍赶走了盘踞在周围的国民党反动派，乡亲们终于可以当家做主，扬眉吐气了。

县民主政府派驻小村的工作员魏根水，大家都喊他老魏。他正在和村干部一起召开全村的群众大会。会场气氛非常热烈，每个人的脸上都喜气洋洋。

不一会儿，小冬至跑到老魏身旁，低声说道："请领导批评我。"

老魏不解地问道："你这个儿童团团长，又没有违反纪律，我为什么要批评你呀？"

"因为我今天有送信的任务，一连跑了三个村，中间还要过河绕道，所以没能及时赶回来参加大会。"小冬至顾不得擦掉头上的汗水，认真地回答道。

老魏看他浑身是泥水，心疼地说："你这个小鬼，对自己要求还蛮严格的嘛！好哇！革命战士，就应该有'铁的纪律'！还没吃饭吧？赶快去吃饭换衣服，回头我再找你'算账'！"

"是！"小冬至调皮地敬了个礼，笑着跑开了。

这时候，他所指挥的儿童团正在列队高呼着响亮的口号。

小团员们个个精神抖擞，英姿飒爽。

这天深夜，秋风卷起落叶和黄沙，呼啸着吹来。刚刚开完会的小冬至回到家里，急匆匆地吃了两口饭，又一阵小跑，赶到了村民兵队部。

这时候，民兵队队长正在和同志们商量事情，一看到小冬至来了，就对他说："小冬至，这么晚了，你来干什么？天冷了，快回家睡觉去吧。"

"你们不是也没有休息？今晚风声正紧，我就睡在这里，万一夜间有什么事情，我可以随时听候命令，给你们跑跑腿！"小冬至神色坚定地说。

"呵呵！好一个镢柄性格！那好吧，我先派一个民兵在外边放哨，你在屋子里休息吧，我一会儿也过来。"

民兵队队长对屋子外边的哨兵交代完事情后，也进屋休息了。由于最近几天大家都很疲劳，他们很快就进入了梦乡。

就在这天深夜，趁着月黑风高，躲藏在敌占区里的反动会道门"红枪会"的头子吕声厚煽动了十多名暴徒，像幽灵一样潜到了这个小村子里。

他们看见民兵队部门口只有一个哨兵，就从两边包抄过去，用毛巾堵住了哨兵的嘴巴，把他牢牢地捆绑了起来。

这时，小冬至正好出来小便，听到屋子外边有异常的响声，马上警觉起来。

"队长，班长，有情况！快醒醒！"小冬至急忙唤醒队长和班长。

可是已经晚了！

砰的一声，队部的大门被撞开了。

十几个暴徒一拥而上，向小冬至他们三人扑了过来。

三人还没有来得及拿武器，就被凶神恶煞般的暴徒们按倒在地上。

民兵队队长瞪着眼睛，注视着吕声厚，愤怒地说："好大的胆子！你这个反动分子，竟敢屡屡与人民为敌！"

"哼哼，我跟兄弟们报仇来了。废话少说，都给我绑起来！"吕声厚奸笑着说。

暴徒们把小冬至他们三人五花大绑起来，还用毛巾塞住了他们的嘴巴。

"带走！"暴徒们推着小冬至他们，向敌占区走去。

怒火在他们三人的心中燃烧。虽然嘴巴被堵住了，不能说话，可是，小冬至在心里痛骂着这些疯狂的暴徒："你们猖狂不了多久的，等共产党的队伍来了，他们会为我们报仇的！"

三人被押到了国民党县党部的监狱，接连遭到了敌人的折磨。敌人施展浑身解数，妄想从他们口中套出共产党一星半点的秘密，但是，三个人意志坚定、宁死不屈，没有向敌人吐露半个字。

"白匪"头子见小冬至还是个孩子,就摆弄着各种冷冰冰的刑具,威胁他说:"看你年纪轻轻的,今后的路还长着呢!如果不招,我就要把最厉害的刑罚用上,到时候你可受不了这皮肉之苦的。"

小冬至眼睛里似乎要喷出火焰来,大声地怒斥着敌人:"你们这些家伙吓唬不了我,只能吓唬吓唬那些可怜虫罢了。"

"嘿!不知好歹的小东西!气焰还不小嘛!都死到临头了,还这么嘴硬!难道你真的不怕死?"

小冬至冷笑道:"怕死?怕死就不闹革命了。告诉你们,就是上刀山下油锅,我也决不会说共产党半点不好。"

"好,既然这样,那我就成全你们!"

没过两天,凶残的敌人就把儿童团团长师冬至、民兵队队长逯景元和民兵队班长吕法明三人押到了县城外的东关刑场。

当着小冬至的面,残忍的敌人先把逯景元和吕法明杀害了。然后,他们举着血淋淋的屠刀对师冬至说:"小共产党员,再给你最后一次机会,你到底投降不投降?"

小冬至满腔怒火,大骂敌人:"你们这些刽子手,你们会不得好死的!你们都给我听明白了,我死也不投降!"

疯狂的敌人对这个手无寸铁的孩子扬起了屠刀。

小冬至昂起头,像两位英勇就义的叔叔一样,高声呼喊着:

"毛主席万岁!

"共产党万岁!"

敌人的屠刀落了下来。

宁死不屈的孩子倒在了血泊之中。

他死的时候,两只眼睛里似乎正喷射着愤怒的火焰,杀人的刽子手们竟然不敢正视他的眼睛。

小英雄王二小

牛儿还在山坡吃草,
放牛的却不知道哪儿去了,
不是他贪玩弄丢了牛,
放牛的孩子王二小……

新中国的一代代孩子,都会唱这首动人的歌曲。

歌中咏叹的小主人公,就是机智勇敢的抗日小英雄王二小。

王二小出生在河北省涞源县的一个小村庄里,因为在家里排行老二,所以村里人都叫他"二小"。

穷人的孩子早当家。二小家里很穷,在二小还很小的时候，他就开始上山放牛了。

　　1943年，抗日战争进入第六个年头了，日军加紧了对北方山区的"扫荡"，并且实行"烧光、抢光、杀光"的"三光"政策。日军每到一个村子，就杀人放火，无恶不作，屠杀了许多手无寸铁的老百姓。王二小亲眼见到不少乡亲惨死在日本人的枪刺之下，小小的心中埋下仇恨的种子。

　　有一天，随着一声巨响，日本人发射的炮弹落在了王二小家的茅屋顶上。顷刻之间，二小的家就被日本人烧毁了。

　　正在山坡上放牛的二小看见这惨烈的一幕，小拳头攥得紧紧的。他现在是一个无家可归的孩子了！他把对日本侵略者的深仇大恨埋藏在心底，暗暗地发誓："狗强盗！你们等着瞧吧，总有一天，我会找你们算总账的！"

　　村外有一片很大的山坡，每当春天到来的时候，山坡上的青草总是绿油油的，美丽的野花在山坡上开放。王二小很喜欢在这片山坡上放牛。

　　这是他祖祖辈辈热爱的家乡，也是他童年时代的乐园。当他躺在草地上，双手放在头下面枕着，仰望着蓝蓝的天空的时候，他想起了自己惨死的亲人，想起了日本人的炮弹，也想起了共产党、八路军对他的恩情。他在心里盼望着能早日把日本侵略者赶出中国,好让乡亲们都过上太平日子。

等到长大一点之后,王二小迫不及待地参加了村里的儿童团,跟着村小学的柳老师和区上的吴连长学了许多文化知识。

柳老师告诉他:"等把日本人赶走了,全国人民都解放了,我们还要一起建设我们新的国家,建设我们美丽的家乡!"

九月十六的那天早上,
敌人向一条山沟"扫荡"。
山沟里隐藏着后方机关,
隐藏着几千老乡……

日本人的"扫荡"又开始了。吴连长带着队伍去了山那边,说要做个包围圈等日本人来钻。

这天上午,艳阳高照,四周很安静。

正在山坡上放牛的王二小赶着牛儿到河边去饮水,突然看见前面大路上,日本人正排着一长溜队伍,朝这边而来。

可是,日本人进到村里一看,每家每户都空荡荡的,看不见一个人影,也找不到一粒粮食和一星半点的财物。

日本人不知道老百姓和八路军都藏到哪儿去了,就气急败坏地到处投毒、放火。

扑了个空的日本人当然不甘心就这样空手而归，他们在村外转悠了很久，然后又一窝蜂似的朝着山那边"扫荡"而去……

　　　　正在那万分危急的时候，
　　　　敌人快要走到山口，
　　　　昏头昏脑地迷失了方向，
　　　　抓住了二小要他带路。

王二小一见这情景，马上想到，决不能让日本人向乡亲们和后方机关转移的方向走去！于是他就故意大声地唱起歌来，吸引日本人的注意。

他还想起了吴连长的一句话："我们要设个包围圈等日本人来钻。"顿时，他心里有了一个主意。

等鬼子走近了，他就装作什么也没有看见一样，自顾自地大声唱着歌。

两个日本兵上前抓住了王二小，把他架到了日军小队长面前。

小队长一把抓住王二小的衣襟，问道："你的，小八路？"

王二小使劲地摇了摇头。

小队长狠狠地推了他一下，又大声喊道："你

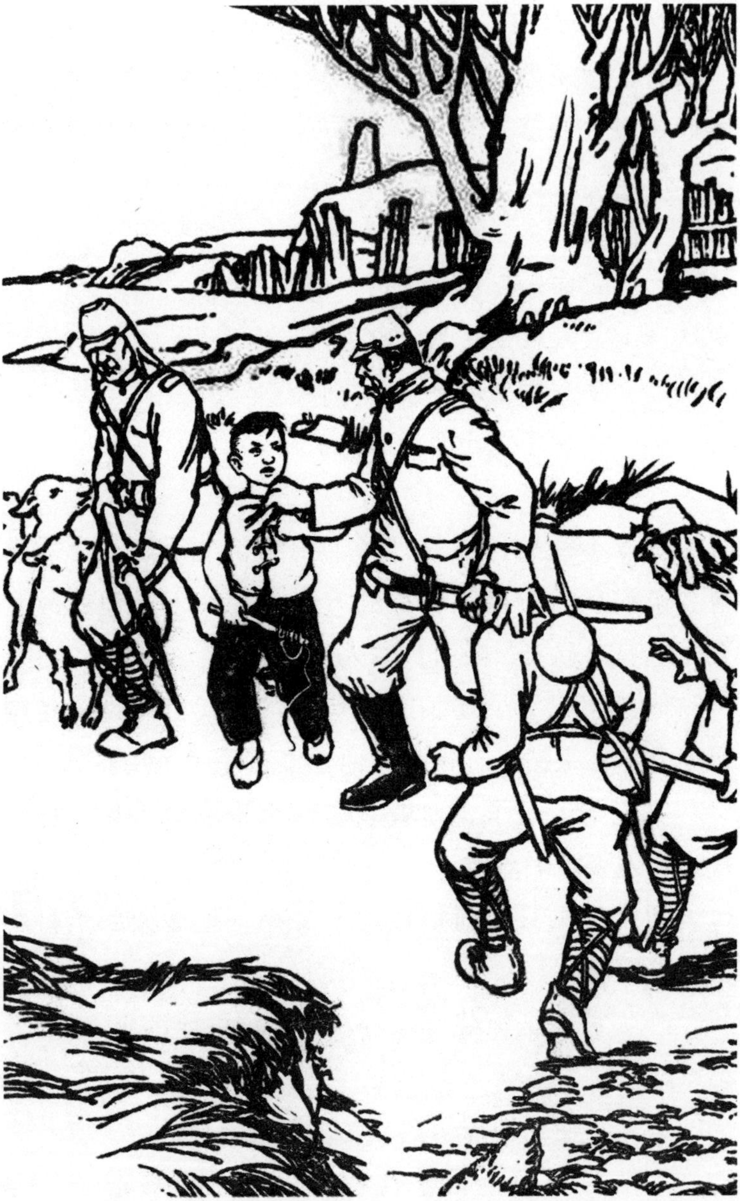

的，八路的探子？"

王二小倔强地挺直了身子，大声喊道："不是！"

小队长眼珠一转，假惺惺地说："你的，前面的带路，找到八路，皇军重重有赏！你的明白？"

二小一听，心里想：狗强盗，我当然明白！我就等着你这句话呢，一会儿看八路军叔叔怎么收拾你们！

不过，王二小故意装出一副害怕的样子，说："好，等我把牛拴好了，就给你们带路。"

王二小把牛拴在一棵大树旁，就带着日本人往前走去……

但是，二小是带着日本人朝与乡亲们转移的地方相反的方向走的，而且边走边慢慢地在大山里转起圈来。

狡猾的小队长渐渐起了疑心，拔出指挥刀威胁二小说："你的，良心大大的坏！再找不到八路，死啦死啦的！"

王二小故作镇定地回答道："快要到了，放心吧，就在前面不远的地方。"

小队长疑心很重，说："你的要是撒谎，欺骗皇军，没有好下场。"

王二小故意说："那就算了，既然你们不相信我，我也不想去惹这个麻烦。"

小队长愣了一下，说："好，继续带路，不要耍花样。"

于是，日本人又跟着他走了。

眼看着前面不远处就是八路军埋伏的山沟了，王二小嘴角闪过一丝微笑，心想：你们这些强盗！马上就有好果子给你们吃了。

看着日军全走进了包围圈，王二小瞅准机会，快步往山上跑去，一边跑一边大声喊道："吴连长，快打日本鬼子呀！"

这时，埋伏在两边的八路军开始出击了。顿时，枪声大作，手榴弹在日军的队伍中炸响。

日本人乱作一团，死的死，伤的伤，四周一片鬼哭狼嚎声。

小队长这才明白，他们走进八路军的伏击圈了。

他气急败坏地快步追上去，把刺刀刺进了二小的胸膛……

四下里砰砰砰砰响起了枪炮声，
敌人才知道受了骗。
敌人把二小刺死在枪尖，
摔在大石头的旁边。
我们的十三岁的王二小，
可怜他死得这样惨……

王二小的鲜血染红了家乡的土地，染红了山上的草地和石头。

"冲啊！同志们，给我们的二小报仇啊！"

八路军、武工队战士们满怀怒火，向敌人发起了进攻。

日本军队的大队人马全部被消灭在了伏击圈里。那个杀害王二小的小队长，也被八路军正义的子弹击毙了。

大家找到了躺在血泊里的王二小，把他放到了担架上。

吴连长悲痛地呼喊着："二小，二小，好孩子，你快醒醒啊！看，我们胜利了！老乡们都安全了……"

可是，我们的小英雄却永远地闭上了眼睛，再也听不到吴连长的呼喊声了。

干部和老乡得到了安全，
他却睡在冰冷的山巅。
他的脸上含着微笑，
他的血倒映着蓝的天。

秋风吹遍了每个村庄，
它把这动人的故事传扬。
每一个村庄都含着眼泪，
歌唱二小放牛郎。

十二岁的小英雄

1937年,日本侵略者的铁蹄踏进了我们美丽的祖国大地,国土沦丧,山河破碎。日军所到之处,一片焦土。这些惨无人道的侵略者在中国土地上犯下的滔天罪行,真是罄竹难书!

上海沦陷之后,百姓们缺衣少食,流离失所,在侵略者的刺刀下过着十分屈辱的生活。

但是,抗日的战火正在中国的每一寸土地上、每一个角落里燃烧。

日本人的种种暴行,激起了全国人民的愤慨与反抗。中国人民抗日救亡的热潮,就像黄浦江的怒涛,日夜奔涌。

夏秋生，当时还是松江杨家桥小学的一名小学生。他亲眼见到了日本人在自己家乡犯下的各种罪行，小小的心中燃烧着仇恨的火焰。

1938年12月的一天晚上，小秋生爬到松江县的一座方塔上，偷偷地写下了"打倒日本帝国主义"八个醒目的大字。

第二天，日本人看到了这句抗日标语，顿时气得暴跳如雷。

他们以为这一带的抗日情绪已经被压制下去了，没有人再敢和他们作对了。哪里想到，就在他们的眼皮底下，还有人偷偷写出这样的标语！

于是，日本人就派兵包围了松江县的三公街，杀气腾腾地把所有老百姓都赶到了街道上。

"快快交出写标语的人，不然统统枪毙！"

日本人张牙舞爪地威胁着手无寸铁的老百姓。

人群中一片寂静，人们怒目而视，谁也没有理会日本人的问话。

这时，一个汉奸翻译官对日军小队长说："从标语的字迹来看，像是一个小孩写的。"

小队长咆哮道："小孩的，良心全部的坏了！统统抓起来。"

不一会儿，夏秋生等一群小孩就被日本人抓了起来。

"小孩子大大的坏，你们谁写的标语？快快交代！"日军小队长穷凶极恶地咆哮道。

仍然没有人理会他。每一个孩子的脸上和眼睛里都写满了仇恨！

"太君,我看应该让他们每个人写几个字,对照一下笔迹,就可以看出是谁写的了。"汉奸翻译官讨好地说。

于是,日本人就强迫每个小孩都写几个字。

最后,日本人认定标语出自年仅十二岁的夏秋生之手。

"小孩,你说,是谁指使你写的?说出来,马上就放了你们。"日本人利诱道。

小秋生理也不理他。

"你说不说?不说把你丢到河里去!"日本人威胁道。

可是,小秋生仍然一动不动,就像没有听到一样。

恼羞成怒的日本人一把抓起小秋生,残忍地把他丢到了冰冷的河水中。

当时正是寒冬腊月,河水冰冷刺骨。

小秋生在河水里苦苦挣扎着。可是,丧心病狂的日本人却在岸上发出一声声冷酷的狞笑。

眼看小秋生就要被淹死、被冻死了,他的家人和邻居忙把他从河里救了起来。这时,他的小脸已经冻得乌黑了,浑身直哆嗦。

家人赶忙把小秋生背到家里,给他换上了干衣服。

可是，小秋生刚刚缓过一口气来，疯狂的日本人就跟着闯了进来。小秋生又被抓了起来。

日本人把小秋生押到了那座方塔前。

日军小队长用刺刀指着小秋生，问道："你的说不说？是谁指使你写的？说了就放了你，不说就立刻杀了你。"

小秋生把嘴唇都咬出了血，就是一言不发。

他用充满仇恨的目光瞪着气急败坏的日本人，在心中说道："强盗们！你们是秋后的蚂蚱，蹦跶不了几天了！想从我这里得到什么，做梦去吧！"

从小秋生的眼中，日本人看到了中国孩子坚强不屈、不可战胜的意志。恼羞成怒的日本人觉得，如果连一个小孩都对付不了，就很难完成日本吞并中国的"雄图大业"。为了掩饰内心的恐惧，他们丧心病狂地对小秋生下了毒手。

只见寒光一闪，日本人的刺刀刺进了小秋生的胸膛……

小秋生的鲜血染红了方塔，渗进了故乡的泥土里。

小英雄夏秋生牺牲时，年仅十二岁。但是，他的爱国事迹和大义凛然的崇高品德，家乡人民从来也没有忘记。直到今天，松江的一代代百姓还在深深地、怀着敬意地感念着这位小英雄。

小英雄杨来西

1927年，杨来西出生在上海浦东一个贫寒的家庭里。

日本人侵占了江南之后，小来西的爸爸离开家乡，北上参加了抗日的队伍。小来西的妈妈和弟弟，不幸在日军飞机的一次大轰炸中丧生了。年幼的小来西成了一个无家可归的流浪儿。国仇家恨埋在小来西的心里，就像冬天的种子，只等着春雷响过之后，就会发芽、破土！

果然，小来西长大一点之后，就毅然参加了共产党领导的抗日游击队，成了游击队里最小的一名队员。

在游击队里，他时常化装成一个小牧童，装作放牛、打猪草的样子，摸到敌人的据点附近探听情报，表现得十分机灵和勇敢。

有一次，他赶着牛，在日本人的驻地相公殿一带观察情况的时候，突然看到几个日本兵喝得醉醺醺的，张牙舞爪地在跟保长索要粮食。小来西装作十分好奇的样子，放下草筐，悄悄挨近，看上去就像在看什么热闹一样。

实际上，他暗暗地把日本兵的人数、枪支数都记在了心里，然后把这一情报飞快地汇报给了游击队。游击队得到这一情报后，迅速布置，设好了埋伏，把这几个日本兵干净利落地解决了。

战斗结束后，游击队的叔叔们给小来西记上了一功。

1941年，日本强盗在江南一带的"扫荡"更加猖獗了，抗日战争进入非常艰苦的阶段。

这年初冬，有一批新四军的伤员正在四明山上养伤，小来西负责照料他们。

因为有大批的日本兵驻扎在四明山下，伤员们的粮食和药品都得不到补给，许多伤员都面黄肌瘦的，有的伤员的伤口都化脓了。

小来西看到这些，心里非常难过。为了给伤员们补充营养，好让他们的身体尽快恢复健康，他决心悄悄下山去，弄一些食物和草药回来。

当时正是初冬时节，天气已经变冷了。

小来西穿着单薄的衣服，提着一篮子鸡蛋，装作去赶集，走在山路上。

来到一个岔路口时，他看见前面走来一队日本兵。

小来西想隐藏起来，可是日本兵已经发现了他，朝他走了过来。

走在最前面的日本兵用刺刀指着小来西，问道："小孩的，你的，什么的干活？"

"我是一个放牛的，赶集路过这里。"小来西镇定地回答。

"篮子里，装的什么？"日本兵边问边揭开了篮子上边的盖布。

看见是满满一篮子鸡蛋，日本兵马上警觉起来。

"鸡蛋，送给谁的？你的，给游击队的干活？"

日本兵把一篮子鸡蛋摔在地上，将大刀架在小来西的脖子上。

小来西一看敌人已经怀疑他了，就不再作声，只在心里想着对策。

"快快地说！新四军的伤病员，在哪里？"一个日本兵用枪托狠狠地捣向小来西。

小来西忍着痛说："我是一个放牛的，什么也不知道！"

日本兵一看来硬的不行，就掏出一把花花绿绿的糖果，诱惑小来西说："小孩子，皇军大大喜欢的。

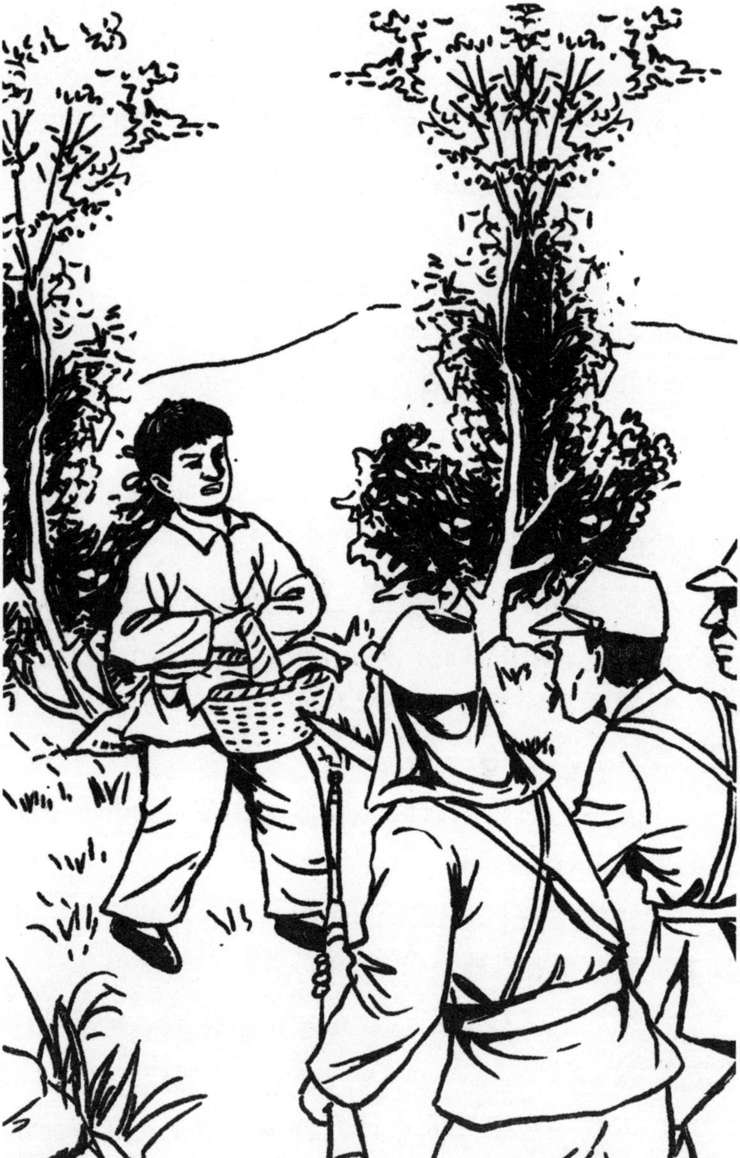

你的，快说出来，糖的好吃。"

小来西看也不看那些糖果，大声说道："谁稀罕你的糖果！我不知道就是不知道。"

日本兵气极了，一把揪起小来西，又重重地把他摔在了地上，恼羞成怒地叫喊道："你的，小游击队员的干活！再不说，死啦死啦的！"

小来西挣扎着爬了起来。

看着这些杀人不眨眼的强盗，他想起惨死的妈妈和弟弟，也想到了日本人在他的家乡干下的烧杀抢掠的暴行。

"狗强盗！要是现在我手里有一杆枪，我叫你们都'死啦死啦的'！"他在心里这样愤怒地说着。

不过，他明白自己现在势单力薄、寡不敌众，不能跟敌人硬拼，得想一个法子把他们引开。

突然，他急中生智，心里有了一个主意。他装作害怕的样子，说："如果我给你们带路去找新四军的伤员，你们真的会放过我吗？"

"当然的，皇军说话算话的。"

"好吧，我知道一个地方，那里好像藏着一些什么人。"

小来西指着不远处的一座山峰说。

"好的，快快带我们去。"

于是，小来西就带着这一队日本兵向前走去。他一边走，一边想：狗强盗！你们没有想到吧？今天，我报仇的机会终于来了！

走了好一阵子，小来西带着这队日本兵来到一座山峰上。

在一处悬崖边，小来西指着下面说："你们看，那些人就藏在那里！"

日本兵朝着他指的方向看去。小来西乘着这个机会，一把揪住刚才用枪托打他的那个日本兵，奋力向悬崖下跳去……

十五岁的小来西和敌人同归于尽了！

剩下的那些日本兵，被闻声赶来的游击队三下两下地就地消灭了。

游击队的叔叔们在悬崖下找到了小来西的遗体。

他的小手还紧紧地揪着那个日本兵。

游击队的叔叔们含着眼泪把这位抗日小英雄安葬在山坡上的松树林里。苍翠的松柏陪伴着小英雄英勇不屈的灵魂。

血染桃树沟

在河北省完县（顺平县）野场村里，矗立着一座纪念亭，亭里有一块纪念碑，上面写着"抗日小英雄王璞纪念碑"几个闪光的大字。

高高的纪念碑上，铭刻着又一个"红孩子"的感人故事。

王璞的家里很穷，靠租种地主的二亩半地过活。每年交完租后，剩不了多少粮食，一家人吃了上顿没下顿，到春荒时就只能靠挖野菜、剥树皮吃度日了。

1937年，日本侵略者的铁蹄踏进了华北地区。英勇的八路军在中国共产党的领导下，带领全国人民奋起抗战，使全国人民看到了希望和光明，抗日的声势越来越浩大。

不久，八路军的队伍来到了王璞的家乡。村里人都在奔走相告："八路军来了，老百姓的日子可有指望了！小鬼子的气焰要彻底地灭一灭了！"

王璞高兴地跟在大人们后面，问道："八路军是干啥的呀？"

爹告诉他："八路军是专门来打日本鬼子的，跟咱老百姓是一家人。"

王璞兴奋地跳起来："太好了！八路军叔叔要早点来呀！"

没过几天，八路军的队伍果然开进了村庄。八路军一来，就开始在老百姓中宣传抗日救亡的道理。村里人个个喜气洋洋的。

这一天，村里正在召开群众大会，王璞顾不上吃饭，就和几个小伙伴跑到打谷场上去看八路军。

会场上的人真多啊，王璞人小，挤不到前面去，只能从人缝中往里看。

他看见，有一位穿着灰布军装的八路军叔叔正站在台上讲话，声音是那么洪亮有力："乡亲们，只要我们团结起来，共同抗日，就一定能把日本侵略者赶出中国！胜利一定会到来的！"

八路军叔叔的话，句句说到王璞的心坎上。他也很想当八路军，上前线去打鬼子。于是，王璞有事没事就去八路军驻地问这问那的,很快就和一个十七八岁的小号兵熟悉起来。

那个小号兵小号吹得好,王璞多么羡慕他啊!

小号兵已经是参加革命多年的"老战士"了,他对王璞和一帮孩子说:"来,我教你们唱歌,好吗?"

孩子们高兴地跟着小号兵唱了起来:

风在吼,马在叫,
黄河在咆哮!
黄河在咆哮!
河西山岗万丈高,
河东河北高粱熟了。
万山丛中抗日英雄真不少,
青纱帐里游击健儿逞英豪。
端起了土枪土炮,
挥动了大刀长矛,
保卫家乡!
保卫黄河!
保卫华北!
保卫全中国!

一曲唱罢,王璞忍不住小声问道:"像我们这样的小孩也能抗日吗？"

小号兵笑着回答道："怎么不能呢？当然能啊！抗日不分年龄大小，就像现在我们一起唱抗日歌曲，也是一种抗日的表现呀。"

王璞笑着点了点头，心中有数了。

不久，王璞就被小伙伴们选为村里的儿童团团长。

从此，他经常扛着红缨枪，在村头和路口站岗放哨，有时也给八路军和武工队的战士们送信、带路。

八路军在前方打了胜仗，他就带领着儿童团团员们给群众表演节目，宣传胜利的消息，激发乡亲们抗日的斗志。

有一天，刚刚吃过早饭，王璞就带上一个儿童团团员，来到村口站岗放哨。他俩背着红缨枪，分头爬到两棵大树上，躲藏在密密的树枝间，警惕地观察着远处的动静。

不一会儿，王璞看见大路上走过来一个陌生人。只见那个人一路上东张西望的，好像在防备着什么。

王璞小声对小伙伴说："盯住那个人，看他的样子不像是自己人！"

于是，俩人哧溜一下从树上滑了下来。不过，眨眼之间，来人就从他们眼皮底下消失了。

"怎么回事啊？难道是看花眼了？不可能呀，一定有问题！"王璞说道，"快，我们从后面包抄过去看看。"

说完,王璞拉着小伙伴从旁边的小山坡跑了上去。仔细搜寻一番之后,他们发现刚才那个人已经下到一条山沟里,正一边走一边哼着小曲。

王璞和小伙伴快速向那人跑过去,一前一后堵住了他。

王璞厉声喊道:"站住!"

那人先是吓了一跳,赶紧举起了双手,然后转身一看,见是两个小孩,马上又恢复了常态。

王璞问道:"你是干什么的?"

"过路,过路的。小同志,一看就知道,你是我们自己的小同志,站岗、放哨、查路条……"那人一副讨好的样子。

"有大路不走,为什么跑到沟里来了?"

"嗯……沟里凉快,天气真热呀……"那人支支吾吾地说着,一双眼睛滴溜溜地乱转。

"你有路条吗？"

"路条？有的，有的。"那人在身上摸了半天，什么也没有找出来，又说，"哦，我走得急，忘了带了。小同志，行个方便吧，我有任务在身，下次一定带过来！"

"不行！没有路条，就要跟我们到村公所走一趟！"

说完，王璞和小伙伴把红缨枪对准了那人。

"不要误会，我真的有特殊任务，你们可不要耽误了我的正事。"

"既然是正事，就更应该带路条！"

那人见无法脱身，就突然把王璞一推，撒腿便逃。

王璞和小伙伴边追边喊："来人呀，快抓住这个汉奸！"

在不远处巡逻的民兵听到了王璞他们的喊声，就从侧面迂回过来，拦住了那个人的去路。

那人慌了，又转身往回跑。只见王璞把红缨枪一伸，就把他别了个"嘴啃泥"。

他们将其押送到村公所一盘问，这家伙果然是个汉奸。

1943年，日本鬼子加紧了对八路军根据地的"扫荡"，他们在抗战区实施了惨无人道的"三光"政策，斗争形势越来越严峻了。

为了保存实力，同时为了不让鬼子找到八路军的武器装备，驻在野场一带的八路军机关、工厂，有的转移进了深山，有的转移到了外线。按照上级指示，兵工厂里的枪支弹药、被服厂里的衣服鞋袜，能运走的都要运走，运不走的就要坚壁起来，一点也不能落到鬼子手里。

于是，村子里家家户户都把粮食、衣服藏了起来。为了避免鬼子在井里下毒，他们把水井的井口也封住，隐藏了起来。八路军和武工队留下的一部分枪支弹药，也被藏在了十分隐蔽的地方。

这天夜里，王璞还在睡梦中，爹把他叫醒了。

王璞机警地坐起来，问道："什么事？"

爹轻声说："快起来，有重要任务，去村西口集合。"

王璞一听说有重要任务，一骨碌爬了起来，快速地穿好衣服，来到村西口一看，武工队队员们都已经到齐了。武委会的梅叔叔说道："今天，我们要完成一个绝密的任务，就是将八路军的枪支弹药埋藏在南边地里。现在开始行动，大人去藏枪支弹药，王璞负责带领儿童团放哨。大家要记住，无论发生什么情况，都不能向外人透露半点秘密。"

夜，静悄悄的，大家很快就把枪支弹药藏好了。

为了做好保密的工作，保守八路军的军事秘密，王璞在抗日小学的墙上贴上了一张《抗日公约》：

我们是抗日的儿童团团员，誓同日本帝国主义斗争到底，坚决做到：

一、不上鬼子学，不念鬼子书；
二、不吃鬼子糖，不上鬼子当；
三、不向鬼子说实话，不给鬼子带路；
四、不泄露八路军的机密，不说出村干部的名字。

可是，就在隐藏枪支弹药的任务刚刚完成，大家正在掩护村里的老乡们转移的时候，身为儿童团团长的王璞不幸被日本人抓住了。

日军队长见王璞还是个小孩，先是从裤兜里抓出一把花花绿绿的糖果，奸笑着说："嘿嘿，小孩，大大的好！你的吃糖。"

王璞一把打掉了日本人的糖果，愤怒地说道："谁稀罕你的糖果！杀人不见血的强盗！"

日军队长恼羞成怒，露出了凶恶的面目："快快说出八路军、武工队和粮食、枪支的去向！"

"不知道！"王璞斩钉截铁地回答。

"小小年纪，难道你不怕死吗？"日军队长把长刀架在王璞的脖子上。

王璞毫不畏惧地推开日本人的长刀，大声地对与他一同被抓住的老乡们说："乡亲们，一定要牢记，我们就是死也不能给鬼子带路，不能泄露八路军的机密，不能说出村干部的名字……日本鬼子就要完蛋了……"

气急败坏的日军队长把长刀往下一挥，红着眼睛，疯狂地叫道："小八路的不要！统统枪毙！"

机枪嗒嗒地响了起来。

日本强盗向手无寸铁的人群疯狂地扫射着。

乡亲们一个个倒下。王璞和妈妈，还有来不及转移的一百一十八位乡亲，都倒在了日本鬼子的机枪下。

他们牺牲的地点，名叫"桃树沟"。

小英雄王璞和乡亲们的鲜血，染红了桃树沟的石头和小河……

那一年，王璞只有十四岁。

为了纪念这位为了保卫乡亲们，为了中华民族的解放事业而英勇地献出了年轻生命的儿童团团长，晋察冀边区政府授予王璞"抗日民族小英雄"光荣称号，并为他建造了一座纪念亭，立起了一座高高的纪念碑。

"朱德儿童团"的故事

在高高的太行山下,有个偏僻的小山村叫王家峪。1937年7月,抗日战争全面爆发后,中国共产党向全国人民发出了伟大的号召:只有全民族实行抗战,我们才有出路!全中国人民,包括青年学生,都应该团结起来,筑成中华民族坚固的长城。

当时,王家峪村把所有大人、孩子都组织了起来。1938年5月初,王家峪村儿童团也宣告成立了。大家选举张俊秀为团长。五十多名儿童团团员被分成了四个小队,每个小队有十三人。这些"红孩子"个个都佩戴着儿童团臂章,在红旗下庄严地举手宣誓,响亮地呼喊着:"时刻准备着!"

儿童团一成立，就在太行山下开展了各种活动：站岗、放哨、查路条，送信、带路、送情报，唱歌、放广播、搞宣传，还有拥军优属、支援前线、做军事游戏、教父母识字、给乡亲们宣传抗日救国的道理，等等。哪里有抗日的人群，哪里就能看到这些"红孩子"活跃的身影。

那时候，因为日寇的封锁，太行山区的八路军和老百姓的生活十分艰苦，缺衣少粮，生活日用品更是短缺。孩子们要上学念书，只能自己动手，上山找一些石条、石片当石笔、石板用。没有印书的纸，他们就把能够找到的各种旧书翻过来，油印成《抗日小学读本》《算术进阶》等。在这样艰苦的条件下，儿童团团员们学习起来仍然那么认真、用功。

他们不仅学习非常用功，"军事本领"也十分过硬。有一次，在全乡的儿童团操练、防空大检阅中，王家峪儿童团在操练、防空项目上都获得了第一名。武工队的叔叔把一面锦旗和两把亮闪闪的大砍刀奖励给了王家峪儿童团。

从此，孩子们就把这两把大砍刀当成勇敢、光荣的象征，每次派谁执行任务，就让谁挎上砍刀，那威风凛凛的样子，就像一个小小的武工队队员。

那时候，朱德总司令、左权将军经常来教大家唱歌：

工农兵学商,大家想一想,
战后新中国,将是什么样?
有饭大家吃,有福大家享。
安居又乐业,生活有保障。
新中国的主人翁由我们当,
新中国的主人翁由我们当!

朱德总司令还给王家峪儿童团的"红孩子"们题了词:"战斗与学习缺一不可!"

1942年5月,一个噩耗传来:长期和朱德总司令一起英勇地指挥八路军作战的左权将军,在战斗中牺牲了!

噩耗传到了王家峪村,乡亲们都难过得放声大哭起来。

有一个儿童团团员,抱着一盆盛开的石榴花,哭着对小伙伴们讲述了这样一件事:"左权将军最喜欢这盆石榴花了。有一次他从前线回来,看见少了这盆花,就问俺娘,石榴花哪里去了?俺马上跑进屋里把石榴花搬了出来。左权将军把它放在花丛中间,每天早晨坐在它跟前看书,有时还小声唱起当地的民歌,'石榴开花满枝红,二十青年去当兵,第一杯茶敬我的妈,儿去当兵别牵挂'。还有一次,他对俺娘说,他很想念自己的母亲,自从1924年离开母亲后,他们至今再没见过面。他多想回家看看老母亲啊！可现在，中华民族正处在危急关头，国仇家恨装在每一个中国人心里，所以，他暂时还不能回家看望母亲大人，只能等有一天用抗日战争胜利的消息去报答母亲对他的恩情……左权将军的一番话，说得俺娘直抹眼泪。"

在左权将军的追悼会上，孩子们把这盆鲜红的石榴花摆放在将军的遗像前，表达了全体儿童团团员的哀悼之情。

当老村长流着热泪讲述左权将军牺牲的经过之后，儿童团团员们带头高呼着响亮的口号：

"继承左权将军的遗志，抗战到底！"

"不消灭日寇，誓不罢休！"

"我们宣誓，我们一定要报仇！"

有的年龄大一点的儿童团团员，还跳上台去当场请战：

"为左权将军报仇雪恨！我报名参加八路军！"

"我也报名！"

"还有我！"

台上台下群情激昂，复仇的火焰在每个人的心中燃烧。

当时，许多年龄稍大的儿童团团员都光荣地当上了八路军战士。

1942年秋天，日本鬼子加紧了对太行山区的"扫荡"。这一天，儿童团团员李克元和两个小伙伴正在落风坪顶放哨，突然发现了来"扫荡"的敌人。小克元为了保护乡亲们的安全，就故意大声地弄出动静，把敌人吸引到了自己这边。

他被敌人抓住了。敌人问他八路军藏在什么地方，他一声不吭，牢记着儿童团的誓约："严守秘密，宁可死，也不泄露八路军的机密！"

最后，敌人用刺刀逼迫着他带路。他不动声色地把敌人引进了八路军的埋伏圈。

日军伤亡惨重，就拿小克元泄愤，残忍地杀害了他。

当时，李克元只有十六岁。他就像一棵小小的青松，永远地挺立在高高的太行山上！

为了表彰王家峪儿童团在抗日战争中表现出的英勇无畏的精神，区公所授予儿童团一个光荣的名字：朱德儿童团。

从此，朱德儿童团的"红孩子"们，就像一支支响箭，精准地射向敌人的"心脏"，使日本鬼子和汉奸对这个名字闻风丧胆。

后来，朱德儿童团的一批批团员相继参加了抗日战争的大反攻，参加了解放家乡周围各县的战斗，然后南下参加了著名的上党战役，和乡亲们一起，迎来了抗战的最后胜利。

朱德儿童团，这个光荣而响亮的名字，永远铭刻在一代代"红孩子"的记忆里。

太行山上的小英雄

1930年,李爱民出生在太行山区的一个小村庄——山西省武乡县白家庄里。七八岁的时候,他就是村里的儿童团团长了,经常给武工队和八路军送信、带路,积累了丰富的斗争经验。

有一天,八路军的钟营长急匆匆地来到白家庄,对武工队队长说:"现在有一封很重要的信,要找一个人送到东沟去。可是,我们的战士都在准备战斗,送信也不便于隐藏身份,村庄里可有合适的人去完成这个任务?"

"儿童团团长李爱民是最合适的人选了,他机智勇敢,我看他一定能完成这个任务。"武工队队长说。

于是，这个任务就落在了李爱民的肩上。

一看到信封上粘了几根鸡毛，他就明白了，这封"鸡毛信"肯定十分重要。他把信件仔细收好，对钟营长说："钟叔叔请放心吧！我一定准时完成这个任务。"

钟营长拍着他的肩头说："爱民，我相信你！这件事十万火急，而且去东沟要经过敌人的封锁区，非常危险，你在路上一定要多长几个心眼，多加小心啊！"

为了不引起鬼子的怀疑，李爱民乔装打扮了一番：戴着一顶破旧的草帽，拿着一把镰刀，牵着一头小毛驴，看上去就像出来割草的村民。

那封鸡毛信，被他严严实实地藏在破旧的袜子里面。

走了好久，越过了两条小河沟，还爬过了几道山梁，李爱民来到了一个岔路口。他抬头一看，前面不远处有两个日本兵在巡逻。

李爱民知道，已经临近日本人的封锁区了。这时，日本兵也发现了他，他想躲避也来不及了。

这可怎么办？李爱民突然看见不远处有一堆很稀的驴粪，马上有了办法。他牵着毛驴走过去，用脚使劲地踩了几下，让驴粪溅了自己一身，然后，他若无其事地割起草来。

那两个日本兵大声喊叫着跑了过来，举起枪对着

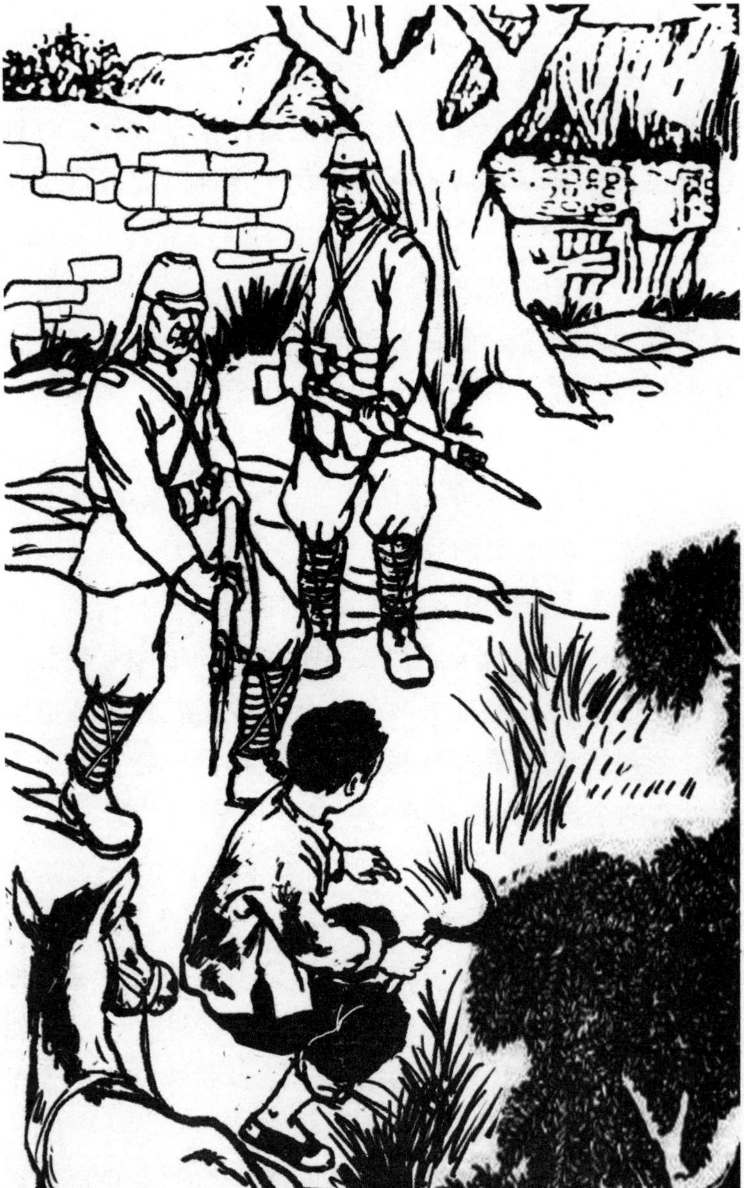

李爱民，用半生不熟的中国话说："小孩的，你的什么的干活？"

李爱民装作很害怕的样子，结结巴巴地说："放……放驴的。"

一个日本兵走过来，在李爱民身上搜了起来。

李爱民浑身臭烘烘的，日本兵搜了两下就捂着鼻子走开了。

"小孩的，不准在这里的干活！快快离开！"

"好，不在这里干活。"

李爱民装出一副畏畏缩缩的样子，快步离开了日本兵的视线，到达东沟，把鸡毛信交给那里的民兵。

民兵连的连长接到信，惊讶地说："小小年纪，真不简单呀！竟然从日本人的眼皮底下闯了过来！"

因为这封信送得及时，第二天，东沟的民兵就打了一场漂亮的大胜仗。

又有一天，村里的王七叔把李爱民和他所领导的儿童团的小伙伴们召集在一起开会。

王七叔说："今天，我们要去执行一个艰巨的任务。"

"去打鬼子吗？"李爱民迫不及待地问道。

"不，比打鬼子还要重要！我们今天要去伪军的炮楼周围张贴标语、散发传单。"

儿童团团员们领到任务，个个都很兴奋。

"记住！你们一切行动要听指挥，不得私自行动，以免影响整个计划！"王七叔命令道。

晚上，王七叔带领孩子们，悄悄地摸到了伪军的炮楼附近。

四周很安静。借着微弱的月光，他们看到炮楼上隐隐约约有几个伪军的哨兵在走动。

根据事先布置好的任务，几个儿童团团员快速地、神不知鬼不觉地把传单散发到了炮楼下面的土坎上，另有几个儿童团团员把一些标语贴在了炮楼对面的土墙上。

还剩下最后几张标语，贴到哪里去呢？

李爱民看了看炮楼，低声对王七叔说："七叔，干脆把这几张标语贴到炮楼上面去，让敌人明白，八路军和民兵时刻都在盯着他们的一举一动！"

王七叔想了想，说："好是好，可这很危险！万一惊动了哨兵……"

"放心吧，我想到一个办法，你看行不……"李爱民贴着七叔的耳朵，小声说了他的想法。

"真有你的！好，就这么办！"七叔说。

只见李爱民拿起标语，敏捷地朝着炮楼的北面爬去。那里没有伪军的哨兵。

王七叔快步转移到炮楼南侧，等到离炮楼不远时，就故意跺脚跑动了起来，然后迅速伏在地上一动也不动。

楼上的哨兵听到脚步声,连忙喊道:"那边有人!"

紧接着,一阵枪声响了起来,敌人都被吸引到了炮楼南侧。

李爱民趁机动作麻利地把标语贴到了炮楼的北侧。

天亮了,出来操练的伪军士兵们看到眼前的景象顿时大惊失色!炮楼四周到处都贴着抗日标语——

"我军必胜!抗战到底!"

"打倒日本帝国主义!"

"替鬼子做事当汉奸,绝没有好下场!"

就这样,通过一次次执行任务,李爱民和儿童团团员们得到了锻炼。太行山下的抗日小英雄们迎着风雨成长着。

1943年,日本兵进占了白家庄。村里的乡亲们都转移到东沟去了。可是,乡亲们辛辛苦苦种出的庄稼,怎能白白送给鬼子!

按照上级的统一部署,在村长的指挥下,乡亲们决定趁着夜色,偷偷地收割已经成熟的麦子。

这是一次紧急的"抢粮"战斗。

夜已深沉。借着夜色的掩护,李爱民和乡亲们一起,在庄稼地里悄悄地、快速地挥动着镰刀。

远处,鬼子炮楼上的探照灯不时地照射过来。不过，乡亲们早就有了躲避探照灯的经验。

天快亮的时候，村长指挥大家把收割好的麦子捆好，准备尽快撤回东沟去。

村长对李爱民说："爱民，你走在前头，一有情况就咳嗽三声，乡亲们好赶紧转移。"

李爱民听了，背起一小捆麦子，走在前面。

眼看快要回到东沟了，突然从右面传来一声枪响，接着，他便看到几个日本兵的身影向这边跑来。

"糟糕！碰到鬼子的流动哨兵了！"

李爱民来不及细想，赶紧大声咳嗽了三声，然后朝着河滩的方向快步跑去。他想把日本兵引开，让乡亲们有时间赶紧撤离。

果然，那几个日本兵紧紧地追了过去。

砰的一声枪响，李爱民的腿被打中了，他扑通一声摔倒在地上。

日本兵凶神恶煞似的跑过来，明晃晃的刺刀在夜色里闪着寒光。

一个汉奸翻译大声问道："干什么的？半夜出来干什么？"

"我来地里收点麦子。"

"你是哪个村的？"

"白家庄。"

"白家庄的？你们村里的人都跑到哪里去了？"

"在太行山里。"

"谁不知道在太行山里！你敢戏弄太君，不想活啦？"

"小孩的，说出老百姓的去向，皇军大大有赏！"

"听见了没有？太君要你在前面带路，去找出你们村里的人。"

李爱民故意磨蹭了一番，好为乡亲们争取更多转移的时间。

"你听到没有？快说！你们村里的人都跑到哪里去了？"汉奸翻译大声说道。

李爱民还是一动不动。

"你再不回答，我就一枪崩了你。"

"哼，你吓得了谁呀，汉奸！"

那个汉奸翻译恼羞成怒，狠狠地打了李爱民一巴掌。

鲜血顺着李爱民的嘴角流了下来。

但他毫不畏惧，愤怒地盯着汉奸翻译，一字一句地说道："等着吧，给日本鬼子当狗腿子，八路军饶不了你！"

这时候，一个日本兵抽出刀，残忍地砍向了李爱民。

李爱民顿时倒在了血泊之中，鲜血染红了他脚下的土地和麦穗……

这个年仅十三岁的太行山小英雄，为了保护乡亲们，让他们安全转移，就这样英勇地献出了自己的生命。

从此，他英勇无畏的故事，就在太行山区，在抗日战场上，到处被传扬着……

宁折不弯的小松树

1933年，周银海出生在江苏省靖江县侯河乡的一个小村里。

像旧中国的许多穷苦孩子一样，小银海家境贫寒，靠父母租种地主的田地糊口，全家人过着朝不保夕、水深火热的日子。

幼小的周银海从六七岁开始，就帮大人下地干活、上山挖野菜了。

1940年，共产党领导的新四军东进来到了小银海的家乡。

家乡脱离了日军统治，贫苦的农民翻了身，分到了田地，孩子们也能够入学读书，接受教育了。小银海高高兴兴地走进了村里的小学堂,成了一名小学生。

1943年,乡里成立了儿童团,小银海立刻就跑去报了名,成为一名光荣的儿童团团员,扛起了红缨飘飘的红缨枪。

从此以后,小银海白天上学念书,晚上就到村头、路口站岗放哨,每次都能出色地完成任务。

有一天傍晚,小银海正端着红缨枪在路口站岗放哨时,突然,从远处来了一个陌生人。

这个人身穿长袍,头戴礼帽,腋下还夹着一个小布包,看上去像是一个教书先生。

小银海想:怎么从来没有见过这个人?会不会是坏人化装成的?

于是他警惕地举起红缨枪,拦住了来人:"有路条吗?"

那人见此情况,连忙掏出路条给小银海看。

这时,乡里农抗会的吴会长正好路过此地,一看来人是县委的陈部长,俩人不禁哈哈大笑起来。

陈部长见小银海站岗放哨时警惕性这样高,就高兴地鼓励他说:"儿童团团员,就应该时刻保持警惕,随时准备投入战斗嘛!好孩子,要好好学习,跟着共产党,干一辈子革命!"

从此,周银海干得更加积极了。不久,他就被选为儿童团团长,挑起了带领全村的儿童团团员唱歌、上操，在路口站岗、放哨，配合民兵破路拆桥等重担。

周银海带领的儿童团，经常受到区里和乡里的表扬。

1946年，轰轰烈烈的土地改革运动在周银海的家乡展开了。

当地有八个引起民愤的地主老财，都是远近闻名的"吸血鬼"，剥削起农民来心狠手辣、丧尽天良。

那些日子里，周银海带着儿童团团员们，紧密配合民兵，密切监视着地主老财们的所作所为。在一些斗争大会上，他带领着儿童团团员们高呼口号，使斗争大会开得振奋人心，大大长了广大农民的志气，也大大灭了地主老财们的威风。

可是，国民党反动派撕毁了"停战协定"，开始大举进攻解放区。周银海的家乡靖江县，是国民党军队重点实行"清剿"的地方。

靖江县是苏中解放区的"南大门"，而侯河乡又是靖江县的老解放区，还是靖江县的"土改试点乡"，所以，国民党反动派扬言要"斩草除根"，要将这里的共产党员和革命干部"斩尽杀绝"。

1947年1月18日清晨，国民党整编第四师对侯河地区进行了疯狂的"围剿"。周银海在站岗放哨时发现了敌情，立即通知了正在一所小学堂里开会的乡干部，让他们迅速转移。

为了掩护乡干部转移，周银海挺身而出，他故意拿着红缨枪，一看就是一副"红孩子"的样子，把敌人的目光吸引到自己身上。

乡干部安全转移了，周银海却被敌人抓住了。

敌人把他押进团部，逼他供出共产党干部和干部家属的名字。周银海却冷笑着看了看敌人，坚定地说："不知道！"

敌人把他按倒在地上，一边在他双腿上"压杠子"，一边要他说出谁是共产党的干部、共产党的干部都藏在什么地方。可是，任凭敌人怎么折磨，甚至几次把他压昏了过去，他一个字也没有透露。

敌人端来一盆冷水，泼醒了他，继续逼问。

周银海吐了口气，仍然坚强不屈地说道："你

们……就是打死我，我还是不知道！"

从上午直到深夜，丧心病狂的敌人对周银海不断地动用各种残酷的刑罚。但是，这个拥有钢铁般意志的少年始终没有屈服。

你们这些反动派！要我说出共产党的干部名单，真是做梦！他在心里怒骂着敌人。

第二天，敌人把全村乡亲集合在了打谷场上，然后把周银海带到了乡亲们的面前，要他当场指认谁是共产党的干部和干部家属。

被折磨得有气无力的周银海，一看见人群里一张张熟悉的脸庞，顿时又有了无穷的力量。他看了看四周，高声说道："乡亲们，不要怕！解放军一定会打回来的！这些反动派绝逃脱不了人民的惩罚！打倒国民党反动派！"

凶残的敌人无计可施，变得更加疯狂了。

他们放出狼狗，让它们扑向周银海。

可是，周银海忍受着剧痛，咬碎了牙齿，也决不向敌人屈服。

最后，残忍的敌人把周银海拖到打谷场边上，对他举起了长枪……

刚满十四岁的周银海，就这样壮烈地牺牲了！

他是靖江大地上的一棵宁折不弯的小松树，永远地根植在家乡的山岗上，永远地活在乡亲们的心中！

新中国成立后，靖江县把他的英勇事迹编入了小学语文教科书中，这篇课文就叫《儿童团团长周银海》。从此，这位"红孩子"的英雄事迹，就在一代代靖江人的口中和心中传扬。

少年铁血队

1931年,"九一八事变"以后,由于蒋介石对外采取了不抵抗政策,短短几个月内,东北三省就陷落在日本人的铁蹄之下。

在中华民族面临生死存亡的危难关头,以工人、农民、爱国知识青年为骨干的抗日武装队伍,满怀着抗日救国的民族大义,义无反顾地投入到反抗日本帝国主义的侵略、拯救国家和民族的洪流之中。

当时,在东北,这些抗日武装组织被统称为"东北人民革命军"。1936年,"东北人民革命军"被正式改编为"东北抗日联军"。

在抗日联军的队伍里,有不少年龄只有十几岁的少年战士。

这些少年有的是父母双亡、无家可归的孤儿,有的是被抓去做童工时逃出来的孩子,有的是地主家里的小猪倌、小羊倌、小长工。

虽然他们的童年经历各有不同,但有一点却是共同的:小小年纪,都尝尽了贫苦和艰辛的生活滋味;都在日本侵略者的铁蹄践踏下,过着屈辱的亡国奴的日子;都对日本人怀有深仇大恨!

这些小小少年正处在上学念书的年纪,可是,苦难的命运逼迫着他们拿起刀枪,加入了抗日联军的队伍,像真正的抗日战士一样,转战在东北的白山黑水之间,驰骋在抗日救亡的战场上。

1938年,抗日联军一路军总司令杨靖宇将军把联军队伍里的少年战士们单独组织了起来,经过专门的训练后,成立了一支名为"少年铁血队"的少年战斗队。

这支少年战斗队归属抗联一路军司令部直接领导,全队一共有五十六名小战士,年龄大的有十五六岁,小的只有十一二岁。小战士们每人都配备了一支小马枪和上百发子弹,还有背包、水壶等装备,和其他抗联战士一样装备齐全。

看着这些稚嫩却斗志昂扬的少年战士,杨靖宇总司令高兴地说道:"好哇!昨天还在给地主老财放羊的小羊倌、给地主老财扛活的小长工，今天都变成威武的抗联小战士了！少年铁血队的队员们，你们都是抗联队伍未来的栋梁！我希望，无论在多么艰苦的条件下，你们都能像眼前这些小白桦树一样，傲然挺立，宁折不弯！要知道，你们身上，也流淌着中华民族的热血，也体现着中国人民的骨气！"

杨司令关怀着这些少年战士的成长。少年铁血队的战士们除了要进行严格的军事训练，还要学习文化知识。杨司令经常亲自给他们讲战斗故事和革命的道理，有时还亲自教小战士们练武、打枪。有的小战士的衣服破了，鞋子露了底子，杨司令会亲手帮他们缝补。小战士们都亲热地叫他"胡子伯伯"。

有一次，少年铁血队的指导员王传圣在战斗中受了伤，军医在处理他脚上的伤口时，不得已把他的鞋子给剪了。

看着自己被剪坏的鞋子，王传圣犯愁了。因为他只有这一双鞋子，即便伤口好了，可是鞋子坏了，一样不能走路。

杨司令知道这件事情后，立刻派警卫员给他送来了一双崭新的棉鞋。要知道，在那艰苦的战争年代里，一双新棉鞋是十分珍贵的，所以王传圣说什么也不穿。他说："我知道，这双鞋是给杨司令备用的，我宁愿赤脚，也不能穿。"

警卫员把王传圣的话报告给了杨司令。杨司令说："你去告诉他,这是命令!他再不穿,我就亲自过去命令他。"

王传圣这才含着眼泪穿上了新棉鞋。

有时候,为了锻炼这些小战士,杨司令会把一些危险系数低、胜利把握比较大的战斗任务交给少年铁血队来执行。

按说,小战士们每人都发有一杆小马枪,可是他们看到其他连队都配有威力更猛的机关枪,就羡慕地嚷嚷:

"大部队有机关枪,为什么我们就没有?我们也要机关枪。"

"就是嘛,有了机关枪,打起仗来更带劲!"

"指导员,你去跟杨司令请示请示,能不能给我们也发一挺机关枪呀?"

王传圣带领小战士们去找杨司令。

杨司令笑着说:"你们的心情我理解,可是,现在部队的武器配给还比较紧张,再说……"

这时候,一个名叫孙宝祥的队员说道:"报告总司令,如果我们自己从鬼子手里缴获了机关枪呢?"

杨司令一听,哈哈大笑起来,点着头说:"好样的!从鬼子手中缴获机关枪,有志气!那当然就归你们使用啦!"

"那就请您等着我们的好消息吧！"小战士们异口同声地说道。

又一个冬天来临了。

寒风呼啸，大雪纷飞，大地白茫茫一片。

随着日本军队的步步紧逼，东北抗日联军的战斗环境变得越来越艰苦了！

这年冬天，联军司令部做出一个决定：走出深山老林，跟敌人打几次大仗，缴获一些战利品，作为军用装备的补充。

杨司令考虑到，部队可能要在冰天雪地里日夜与日寇周旋，这样的战斗条件太艰苦了，少年铁血队的小战士们是吃不消的。于是，他就派了一位老向导毕大爷，带着少年铁血队到抚松县东北部山区后面，建起一个秘密营地，让他们暂时隐蔽起来。

分别那一天，杨司令嘱咐他们："离开了司令部单独行动，什么事情都要靠你们自己了。遇到危险，一定不要恋战，要避免和敌人纠缠，要小心冷静，避实就虚，保存实力！明白吗？"

"杨司令请放心！"孩子们坚定地回答道。然后，他们依依不舍地离开了司令部，开始了独立的战斗生活。

到达抚松县东北部山区后，少年铁血队做的第一件事，就是搭建自己的秘密营地。

这一天，队员二楞和冬喜下山去买一些粮食和衣物，可过了很长时间他们还没回来。大家正在着急的时候，二楞气喘吁吁地跑来报告："我们下山后被两个探子发现了，冬喜被他们抓住了，他们逼我回来劝大家去投降，怎么办呢？"

"要我们投降？痴心妄想！我们马上就冲下山去，把冬喜救回来。"有的小战士摩拳擦掌地说。

"对，我们跟他们打一仗！让鬼子和汉奸尝一尝少年铁血队的厉害！"

指导员说："大家不要急躁，我们先听听毕大爷的意见，再想办法。"

毕大爷说："不能下山去硬拼，不应该拿鸡蛋去碰石头，得想一个稳妥的办法。"

队长想了想说："我倒有个办法。咱们将计就计，再把二楞派下山去，告诉那两个探子，山上都是伤病员，没有吃的，也没有药品，队员们坚持不住了，愿意投降。等那两个家伙上了山，我们就将他们消灭。"

毕大爷听了，点点头说："这个主意很稳妥。"

按照这个计策，少年铁血队果然"小试牛刀"，打了一个漂亮的伏击战。首战告捷，队员们一个个都很受鼓舞。

可是，两个探子的失踪，引起了山下鬼子的注意。不久，大队鬼子进山"扫荡"来了。

铁血队不得不离开营地，向长白山深处转移。

在雪地上行军，万一鬼子跟着雪地上的脚印追上来怎么办？

这时，队长想出了一个办法，命令道："每个人都把鞋子倒过来穿，让脚印指向相反的方向。"

"这主意真妙呀！"大家心领神会，马上行动起来。

愚蠢的敌人被甩掉了。第三天晚上，山后来了一队人马，原来是杨司令派人来迎接他们了。

1939年春天，在战斗中得到了锻炼的少年铁血队又找准机会,单独打了一仗,成功地袭击了驻扎在木绮河的伪警察署,缴获了大批枪支弹药。

战斗结束后,杨司令表扬了他们:"好哇!你们这一仗打得干净利落!现在我兑现当初的承诺,发给你们一挺轻机枪,好不好?"

小战士们怀着激动的心情接过了杨司令发给他们的轻机枪。

"铁血队全体队员们,你们还需要什么?"杨司令大声问道。

铁血队队员们齐声回答:"我们要战斗!"

"好!只要日本鬼子一天没有被赶出中国的土地,我们的战斗就不会停止!你们在战斗中渐渐长大了,但是,更残酷的战斗还在等待着你们!你们有信心战斗到底吗?"

"有!"小战士们高声说道。

"好,像一支抗日联军的样子了!现在,我们一起来唱一支军歌!"

于是,王传圣就指挥大家唱起了杨司令亲自创作的《东北抗日联军军歌》:

我们是东北抗日联合军,
创造出联合军的第一路军,
乒乒的冲锋杀敌缴械声,

那就是革命胜利的铁证。

……………

在以后的日子里,少年铁血队,这支年轻的红色少年武装,跟随着杨司令,继续南征北战,在长白山的茫茫林海中,和日寇进行了长期的斗争,直到抗战取得了最后的胜利……

少年铁血队的传奇故事和爱国精神,鼓舞了一代代新中国的少年儿童,成为新中国少年先锋队和中国革命历史上的一笔宝贵的精神财富。

少年英雄谢荣策

1931年,谢荣策出生在辽宁省辽中县茨榆坨村的一户贫农家庭里。就像旧中国的许多贫苦人家的孩子一样,小荣策一家吃不饱、穿不暖,他仅仅上了两年学,就被迫离开了学堂。从十一岁起,他就不得不去给村里的地主家放猪、放牛,小小年纪,就受尽了地主的欺凌。因此,在小荣策幼小的心灵里,埋下了对地主老财们仇恨的种子。

小荣策是在苦水里泡大的。旧社会的黑暗、被奴役的生活、人间的种种不公平,也使小荣策从很小的时候起就萌发了反抗压迫的愿望和革命信念。

当贫苦农民翻身闹革命的春潮涌到了小荣策的家

乡，小荣策看到了希望，仿佛一夜之间长大了许多。他和村里的小伙伴们一起，光荣地参加了儿童团。小伙伴们还推选他当了茨榆坨村的儿童团团长。

1947年，中国人民解放军在全国各个战场上对国民党反动派开始了战略性的大反攻。伟大的辽沈战役率先打响，盘踞在东北的国民党军队在人民解放军强大的攻势下节节败退，溃不成军。

不久，东北回到了人民的手中。

小荣策的家乡茨榆坨村也解放了！

共产党领导的人民解放军来到了茨榆坨村，小荣策的心里真是激动啊！当他扛着红缨枪站在村口放哨的时候，他就在想：乡亲们终于迎来了解放的这一天！乡亲们当家做主人的日子终于到来了！作为一名儿童团团长，我一定要好好站岗放哨，好好保卫我们的胜利果实，保卫我们的好日子！

这天早晨，天刚蒙蒙亮，谢荣策就来到村头巡逻、查岗了。

刚走到村口南面的一处土岗上，一个放哨的儿童团团员就告诉他："荣策哥，南边来了一个人。"

大清早的，谁赶着要出远门呢？应该不会是本村的人吧？

小荣策警觉地对放哨的小伙伴说："不要慌，先稳住他，看看情况再说，要注意提高警惕！"

不一会儿,一个农民打扮的人走到了跟前。

小荣策悄悄一打量,看到这个人神色有些紧张,一双眼睛不时地四处张望。

神情不对!他心里一定有鬼!谢荣策这样一想,就突然一个箭步从树后闪出来,厉声喊道:"站住!干什么的?"

对方先是一愣,然后佯装镇定,操着外地口音答道:"不……不干什么,来走亲戚的。"

"到哪家走亲戚?有路条吗?拿出来看看。"

"到后街。小兄弟,都是乡里乡亲的……"来人嘿嘿一笑说,"走亲戚谁还带着路条?"

"没有路条不许通过!"

"不让通过?那好,那我就回去。"

说着,那人掉头就想溜走。

"不许动!"谢荣策一声令下,就和另一名儿童团团员冲上前去,把来人捆了个结结实实,押送到了村农会的队部里。

经过仔细查实,这个家伙果然是敌人派出来的一个探子。

小荣策想,这个探子无意中说出他要去后街走亲戚,可是后街只住着郭侉子一户人家,难道……提起郭侉子,小荣策又联想到一件往事。

那是解放军刚进村不久,乡亲们正在集中力量给解放军修房子，突然遭到了国民党飞机的狂轰滥炸，村子里损失惨重。

有人说，飞机刚来的时候，后街郭侉子家的院子里闪出了一道光柱，在空中乱晃。

这么看来，郭侉子应该是通过镜子的反光给敌人做内应。难道这个探子真是来联络郭侉子的？

想着想着，谢荣策就来到了郭侉子家。

郭侉子不在家，两个孩子正在院子里玩。谢荣策正准备离开时，郭家的一个大孩子突然指着谢荣策身上的那件破旧的黄呢子军大衣说："你这件大衣，没有俺爸爸的那件好看。"

小荣策一听，一下子愣住了：郭侉子是个"染匠"，家里怎么会有黄呢子大衣呢？

由于心存疑问，小荣策就不动声色地走上前去，和郭家的孩子套起了近乎，最后，两个孩子把他们爸爸的衣服拿了出来。

真的是国民党军官的黄呢子大衣，上面还有少校肩章！

小荣策赶紧回去把情况报告给了上级领导肖队长。肖队长立刻派人把郭侉子抓了起来。

经过一番审问，郭侉子坦白了：原来，他是一个潜伏在村里的国民党的特务！那个前来"走亲戚"的人，就是来找他接头的。

谢荣策这一次机智破案，立了一个大功！

茨榆坨村里还有个地主，名字叫宋四环，为人十分阴险狡诈。他不甘心失败，梦想着国民党能反扑回来，自己能重新过上骑在百姓头上作威作福的日子。

当他听说农会要没收地主老财们的不义之财后，他就偷偷地把家里值钱的东西都埋藏了起来，然后故意装出可怜的样子，对农会干部说："能上交的都上交了，家里实在没有什么东西可以拿出来了。"

这骗得了别人，可骗不了小荣策。他当场揭穿了宋四环的谎言。

原来，有一天，小荣策在夜间巡逻时，正好看到宋四环在偷偷地埋东西。村民们根据小荣策的指引，到宋四环家东厢房前的地下和猪圈里一挖，果然挖出了许多财物和粮食。

这次行动，更让村里的大人们发现了小荣策不仅机智勇敢，而且做起事来胆大心细、爱憎分明。

1948年，国民党反动派勾结地方上潜藏的反革命势力，对东北的一些解放区展开了疯狂的反扑。为了配合大部队作战，驻扎在茨榆坨村的解放军暂时转移了，村里组织起一些民兵，做好了迎击敌人的准备工作。

这时候的谢荣策，已经有了丰富的斗争经验。他报名参加了民兵组织，加入了保卫家乡的战斗行列。

有一天，谢荣策和武装队队长肖洪义正在农会队部擦枪，突然听到远处传来阵阵枪声。不一会儿，有人跑来报告说，从沈阳城里窜出来一股敌人的骑兵队伍，已经到了四方台一带，正沿着公路向茨榆坨村扑来。

谢荣策和肖洪义迅速做出决定：先掩护农会干部、土改积极分子和儿童团团员安全转移，然后俩人分头行动。

当时，和谢荣策一同离开农会大院的，还有他的叔伯哥哥谢荣环。不料等到一切都安排妥当了，兄弟俩正朝谢家坟茔那边走去的时候，被国民党骑兵发现了。

敌人追上他们后，用乌黑的枪口对准他们，凶狠地叫嚷道："你们是不是儿童团的？快说！不说实话就崩了你们！"

谢荣策不慌不忙地说："我们是学生。"

一个国民党骑兵将信将疑地说："学生？我看不像！带走再说。"

于是，谢荣策和谢荣环被敌人带回了村子里。

地主宋四环听说国民党军队进村的消息后，就像一条冻僵的蛇重新苏醒了过来。他穿上长袍马褂，点头哈腰地跑过来。

当他一眼看见谢荣策正被捆绑着时，就幸灾乐祸地大声说道："哎呀！这不是我们茨榆坨村大名鼎鼎的儿童团团长谢荣策吗？想不到你也有今天呀！哼哼！"

敌军军官听了，嘿嘿一笑："我早就看出来了，你不是什么学生！把这小子吊起来，给我打！"

几个"匪兵"把谢荣策推进屋，吊在屋梁上，用皮鞭抽打了一阵。

谢荣策的双眼似乎要喷出火来，他一声不吭，任凭敌人的皮鞭雨点般抽来。

当天下午，这伙骑兵押着谢荣策回到国民党军队驻地四方台村。

国民党骑兵团团长见谢荣策年纪尚小，以为只要用一点刑，就可以从谢荣策口中得到一些情报。可是他没有想到，酷刑一种接着一种，丝毫也不能让谢荣策动摇半分。

"说，你们的部队上哪去了？"敌军副官恶狠狠地追问。

谢荣策瞪着眼睛，义正词严地告诉他："不知道！"

"来人，上夹棍！夹断他的手指头！看他还敢不敢嘴硬！"

敌人用竹筷子狠狠地夹住谢荣策的十指。

谢荣策被折磨得脸色苍白，但他还是咬紧牙关，宁死不屈。

敌军副官一遍遍地吼叫道："谢荣策，不要死扛了！我的刑罚花样还多得很！我看你还是早点招了吧！"

"做梦！不知道就是不知道！"

接着，皮鞭又像雨点般落在谢荣策身上。

他的全身已被皮鞭抽得血淋淋的。

国民党骑兵团团长见谢荣策根本不吃硬的这一套，就要起了别的花招。当天晚上，狡诈的副官假惺惺地露出一副笑脸，拍着谢荣策的肩膀说："受苦了吧，小兄弟？小小年纪，何苦要一条道走到黑呢！放聪明点，苦海无边，回头是岸嘛！"

谢荣策却扑哧一声笑了，明明白白地告诉他："要杀要剐，痛快点吧！不要枉费心机了！共产党救了我，救了穷苦的乡亲们，让我们过上了好日子，只要我还有一口气，就会永远跟着共产党走，死也不向你们投降！听明白了吗？"

这一天，国民党骑兵团团长又来到谢荣策面前，笑着说："好啊，小小年纪，有骨气！佩服佩服！我看你这个小孩心气很高，又聪明能干，以后就跟着我，我保你前途无量！怎么样？"

谢荣策满腔怒火，厉声回答道："呸！我是共产党的儿童团团长，跟你们绝不是一路人！你倒是应该好好想一想，你这个团长还能当几天！等我们大部队回来了，你逃脱不了人民对你的审判！"

敌军团长恼羞成怒，凶相毕露。他疯狂地咆哮着："不识抬举的东西！你不想活了吗？"

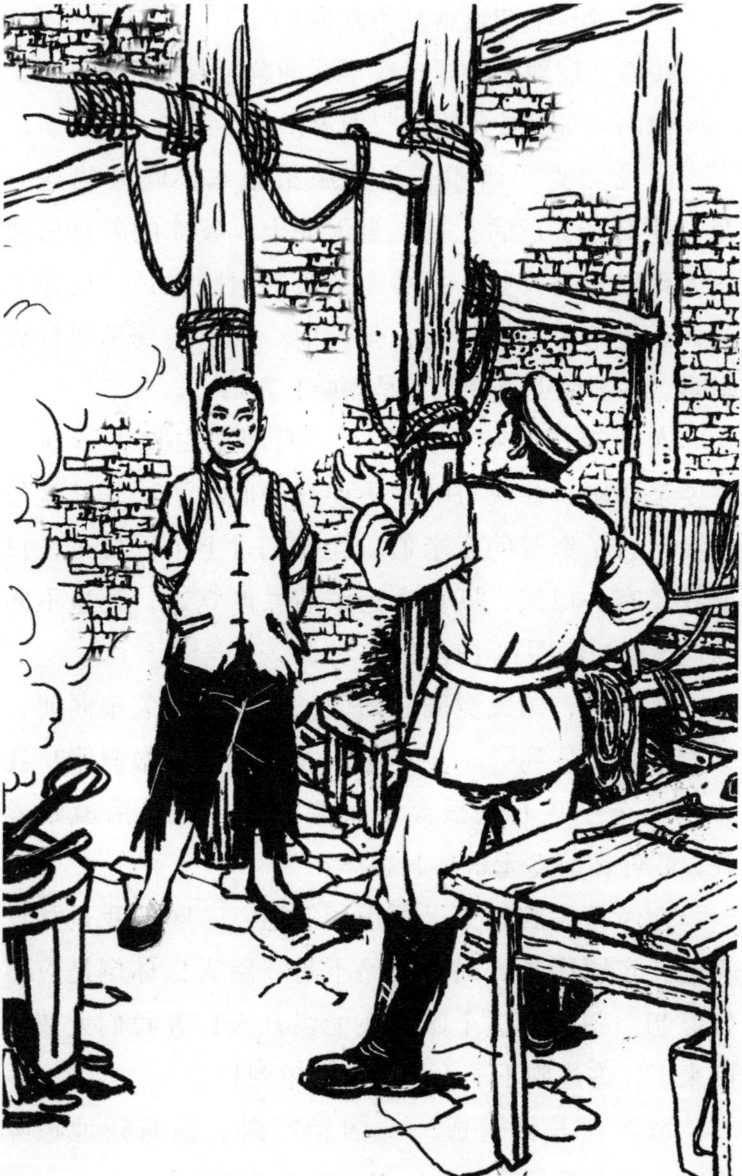

谢荣策正气凛然地回答："活？当然要活！活，我要为共产党活；死，也要为共产党死！"

"那好，那我就成全了你！"敌军团长气急败坏，歇斯底里地对士兵下令道，"把他拉出去，枪毙！"

这天早晨，谢荣策最后一次见到了谢荣环，告诉他："哥哥，我回不去了。你回去告诉我娘，让她不要难过，革命会胜利的！我没有给共产党丢脸，没有给谢家丢脸！"

1948年3月13日这天，北风怒吼，天地间冷得就像一个冰窟窿。

在天低云暗的四方台，国民党反动派要对谢荣策下毒手了！

敌人押着谢荣策和肖洪义来到了四方台的大庙前。谢荣策和肖洪义昂起头，神色自若地登上了一个小土台。

敌军团长骑着马来到谢荣策面前，说："怎么样，谢荣策，我最后问你一句，你真的不怕死吗？"

谢荣策慷慨激昂地回答他："怕死就不参加儿童团！怕死就不闹革命了！告诉你，我们的人一定会打回来的，共产党一定会给我们报仇雪恨的！你们等着吧！"

敌人无计可施了，就向着这两位年轻的革命者扳动了扳机。罪恶的子弹射向了谢荣策和肖洪义……

这一年，谢荣策只有十六岁。

他为了人民的解放事业，抛洒了自己的一腔热血。

1949年春天，中国新民主主义青年团辽中县委追认谢荣策为革命烈士，并把他的遗体安葬在茨榆坨烈士陵园。

一座高高的纪念碑上，铭刻着"谢荣策小烈士千古"几个金光闪闪的大字。它们和时光共存，与蓝天同辉。

1984年，中共沈阳市委修建了一座谢荣策烈士陵园，还在陵园里建起了谢荣策烈士的塑像。塑像大理石基座的正面，镌刻着"少年英雄谢荣策"七个大字。

抗战中的"孩子剧团"

"孩子剧团"是抗日战争时期中国共产党在上海领导的一个红色儿童剧团。剧团里有二十多名小团员，年纪最大的才十九岁，最小的只有八岁。

这些"红孩子"大都来自贫苦人家，为了宣传抗日救亡的道理，他们不怕艰苦，不怕风雨，更不怕国民党反动派和日本汉奸的搜捕，经常走到街头演戏、唱歌、贴标语。他们就像一棵棵坚挺的小树，在敌人的炮火和时代的风雨中，一天天长大……

事情要从这里说起——

1932年，在上海市沪东区临青路的临青坊里，一所临青学校成立了。这个学校里有两百多名小学生和初中生，他们大部分是工人子弟，家境贫寒。

在这所学校里工作的老师和校长，都是一些抗日爱国的知识分子。在中华民族处在生死存亡关头的年代里，老师们除了给学生讲授文化知识，还经常给学生宣传抗日救国的道理。

每当市内举行抗日游行示威活动时，老师们都要带学生去参加。学校还成立了学生会，由品学兼优的学生组成。学生除了学习文化知识和抗日救亡的道理，还学会了唱歌、做游戏、表演。学校还成立了歌咏队，教孩子们唱抗日歌曲，老师们还给他们排演了《捉汉奸》《最后一课》等儿童剧。

1937年，日本侵略者逼近上海，在老师们的帮助下，一部分无家可归的学生来到法租界的难民收容所里避难。

这些失去家园的孩子，饱尝了家破人亡的痛苦，对杀人放火的日本人和汉奸充满深仇大恨，一颗颗幼小的心里埋藏着民族仇恨的种子。

孩子们虽然栖身在难民收容所里，可是，他们不甘心在这里吃闲饭。学生会主席和歌咏队队长，还有一些学生会骨干，自发地组织了一个团体。他们在难民收容所里办壁报，教难童识字、唱歌，向难民宣传抗日救亡的道理。

当时，中共地下党组织对这些孩子的活动非常重视，也非常支持。党组织派了一名叫吴新稼的党员每天到难民收容所里，给孩子们讲抗战形势，协助他们练歌，还组织一批难童排练了《火线上》《捉汉奸》《打回老家去》《放下你的鞭子》等街头剧。

这些小节目排练好之后，他们开始为难民收容所的同胞们演出。没想到，他们的演出非常成功，受到难民同胞的热烈欢迎。许多难民看着看着就流下了热泪，一再称赞孩子们演得好，觉得这些小节目演出了他们的心声，也鼓舞了他们起来抗战的信心。

孩子们得到了肯定和鼓励，也都非常兴奋。这时候，吴新稼对孩子们说："孩子们，既然你们的表演很受欢迎，为什么不走出难民收容所，到外面去为更多的同胞演出呢？"

有个孩子提议："到外面去演出，那我们的剧团应该取个名字才好呀！"

孩子们纷纷赞同。

另一个孩子接着说道："我们都是小孩子，不如就叫'孩子剧团'吧！"

大家听了，一致鼓掌表示赞成。"孩子剧团"就这样在战火纷飞的环境里诞生了。

吴新稼还为孩子剧团谱写了一首《孩子剧团团歌》：

我们生长在苦难里，
我们成长在炮火下。
不怕没有先生，
不去留恋爹娘，
凭着我们自己，
努力学习努力干。
孩子们，站起来！
孩子们，站起来！
在这抗战的大时代，
创造出我们的新世界！

孩子剧团的爱国演出活动，引起了难民收容所一部分人的恐慌。他们编造出各种理由，拒绝继续收留这些孩子。不久，党组织安排孩子们离开收容所，搬进沪西区的余日章小学，开始了独立的生活。

来到余日章小学以后，孩子剧团经常去街头、学校、工厂和医院演戏，宣传抗日救亡的道理。

有一次演出时，几个大哥哥、大姐姐当场站起来，情绪激昂地说："小弟弟、小妹妹，你们真了不起！你们的亲人被鬼子杀害了，你们自己依然坚强地跑出来宣传抗日精神，我们要向你们学习！"

还有一位军人冲上台去，把一个八岁的小团员抱起来，流着眼泪对台下的观众说："谁无父母，谁无妻儿？看着这群无家可归的孩子，谁不难过啊？！鬼子侵占了我们的土地，欺凌我们的人民，我们不能沦为亡国奴啊，我们要起来和他们战斗到底！"

"决不当亡国奴！"

"打倒日本帝国主义！"

"战斗到底！抗日到底！"

人群里爆发出一阵阵呼喊声。

孩子剧团在上海的影响力越来越大。周恩来听说了孩子剧团的情况后，兴奋地说："好啊，这些孩子的抗日精神，体现了我们民族的希望！"他仔细嘱咐上海地下党组织，要好好关心、帮助孩子剧团。

1937年11月，国民党军队从东线撤退，日本侵略者进占了上海。日寇、特务和汉奸在上海市区四处搜捕抗日积极分子，孩子剧团的处境十分危险。为了保存实力，保障孩子剧团小团员们的安全，党组织决定把孩子剧团转移到内地去，继续宣传抗战理念。

于是，孩子们乘轮船离开上海，沿着长江辗转到达了武汉。

由于旅途劳顿，到了武汉后，许多小团员都生病了，吃饭、穿衣也成了问题。

这时候，周恩来委托邓颖超来看望孩子们。

邓颖超抚摸着几个小团员的头，仔细询问他们一路上的情形，又看望了剧团里的小病号，嘱咐他们好好休息，好好养病。得知孩子们的生活条件很艰苦，邓颖超难过地说："孩子们，你们真是好样的！困难是暂时的，我们要一起克服困难，争取胜利。"

邓颖超的话，像一股暖流温暖着孩子们的心。

孩子们纷纷表示，要不怕困难，接受生活的锻炼。

过了几天，邓颖超又来看望孩子们，还带来六十多元钱。她说："八路军武汉办事处的同志们听说你们现在很困难，这是他们捐给你们的。"其实，当时八路军办事处的叔叔们生活条件也很艰苦，但是他们听说孩子们生活有困难，纷纷解囊相助。

邓颖超还安慰孩子们："孩子们，你们先在这里好好休息，过一段时间，八路军武汉办事处的几位小红军来和大家见面好不好？"

1938年2月8日下午，正在武汉指挥全国抗战工作的周恩来派他的警卫员把孩子剧团的全体团员接到了八路军武汉办事处，为孩子们开了一个欢迎会。

孩子们高兴得欢呼雀跃起来。

在八路军武汉办事处的会议室里，周恩来详细询问了孩子们的姓名、年龄和家庭情况，以及现在的生活情况。

在欢乐的气氛中，孩子们表演了许多节目。他们先演唱了《孩子剧团团歌》，接着又唱了《流浪儿》："我们都是没家归的流浪儿，流落街头没饭吃。鬼子打进了我的家，爸爸妈妈全被杀……"

孩子们的表演博得了一阵阵热烈的掌声，也打动了在场的每个人，周恩来和许多小战士听了都掉下了眼泪。

孩子们表演结束后，周恩来深情地说道："中华民族是一个有着苦难历史的民族，经历了太多战争和磨难。战乱让许许多多的孩子无家可归，生活非常艰难。可是，在座的你们非常了不起，你们依靠团结，依靠自己的能力站了出来……为了过上新的生活，你们要具有救国、革命、创造三种精神，要一手打倒日本帝国主义，一手创造新中国！"

诗人郭沫若也激动地说道:"我从日本回国半年了,今天可以说是我最快乐的一天。九岁的小弟弟就晓得出来救亡了,是作孽吗?不,是幸福!好像是一株植物,放在温室里虽然长得茂盛,但一拿出来就枯萎了;唯有在山谷里,在寒风暴雨中磨炼出来的树木,才是坚强的,才能发展起来,顶天立地。中国有了你们这群不怕艰苦的儿女,中国也要在苦难中渐渐长大起来的。你们就像小树,在艰难困苦中一天天长大起来吧!……"

周恩来和郭沫若的讲话,就像明灯照亮了孩子们前行的道路,也给了他们斗争的勇气和生活的力量。

此后,孩子们没有忘记自己的使命,经常到工厂、学校、保育院去演出,还创作了《帮助咱们的游击队》《街头》等儿童剧,受到当地群众的热烈欢迎。

这些情况,也引起了国民党反动派的嫉恨。他们想和共产党"争夺"孩子剧团。为了不让孩子们继续和八路军交往,他们准备把孩子剧团编入国民党的宣传大队。

紧急关头,吴新稼连夜赶到八路军办事处去报告。周恩来坚定地说:"坚决不能合编,反动派这是在把孩子们往火坑里推呀!我看这样,赶在明天早上他们来接之前,你带着孩子们坐船离开。如果他们问起来,就让人说孩子们给工人演戏去了,因时间仓促，来不及辞行。"

吴新稼将周恩来的指示传达给孩子们，剧团成员马上将行李准备好。在昏暗的街灯下，他们穿过大街小巷，来到江岸码头，坐上六点钟的小火轮，驶离了武汉。

1939年，当春暖花开的时候，孩子剧团来到了当时的"陪都"重庆。他们在重庆举办公演，参加了儿童歌咏大会及儿童节的各种活动。随后，他们又根据周恩来的指示，不断地到中小城镇和农村去，给农民、工人演戏，向工农群众学习。当时，孩子剧团的小团员已经有六十多人，分成了两个小队。

他们用了两年的时间，把川东、川南、川西、川北各县都走了一遍，学会了当地老百姓喜闻乐见的打金钱板、耍连箫、唱山歌等表演形式。

1940年秋天，孩子剧团的第二小队演出完从乐山回到重庆。此时的重庆经常受到敌机的侵袭，郭沫若就在市郊找了一处比较隐蔽的房子，把孩子们接到了那里。

孩子们到达时，天色已经黑了。但是他们看到郭沫若时，就像见到久别的亲人一样，不停地讲述着在农村的见闻。

夜深了，因为行李还没有运到，疲惫的孩子们就睡在一个个草垛边和稻草床铺上。郭沫若怕孩子们着凉，就拿出自己所有的被子、毯子和衣服，轻轻地盖在孩子们的身上。

1941年1月，震惊中外的"皖南事变"爆发了，国民党反动派消极抗日，积极反共，不断打击爱国进步人士，镇压抗日救亡的爱国团体。孩子剧团早被国民党反动派视为眼中钉、肉中刺。他们说孩子们受到了共产党的蛊惑和影响，性质已经"赤化"，因此必须接受国民党的"教育"。

在周恩来的指示下，剧团团长和六十多个孩子向国民党表明了自己抗日到底的决心和"拒不从命"的态度，国民党军委会政治部不得不收回命令，孩子剧团再一次化险为夷。

1942年以后，国民党对孩子剧团的限制和镇压加剧，他们以"改组"为名，撤换了剧团的团长和队长，妄图改变孩子剧团抗日救亡的爱国团体性质。

为了保护孩子们，积蓄力量，周恩来又一次做出指示，让地下党组织帮助这些孩子尽快疏散，将他们有的送到延安，有的转移到其他爱国团体中，有的送进学校继续读书深造……

就这样，孩子剧团在国民党占领区活跃了五年之久，在抗日救亡的洪流中，在"红孩子"的光荣历史上，写下了光明的一页。

今天，当年的孩子剧团的小团员们，有的已经去世了，有的已经成老爷爷、老奶奶了。但是，每当回忆起过去在孩子剧团里生活和战斗的情景，他们仍然会觉得浑身充满了力量！他们会觉得，敬爱的周恩来总理、邓颖超妈妈、郭沫若老先生……依然活在他们的心中！

"新安旅行团"的故事

1933年秋天,江苏省淮安县新安小学的七名学生,自发地组织了一个小小的"旅行团",从家乡出发,沿途经过镇江、上海等地,一共在外面旅行了五十天。

当时,著名爱国教育家、诗人陶行知先生,在上海专门著文称赞说:"新安儿童自发组织旅行团来沪,不但在中小学演讲,还在大夏、光华、沪江等大学演讲。我问一位大学教授,小孩子们讲得如何?他说,'几乎把传统教授的饭碗弄得有些不稳',虽然是千古奇闻,但确是铁打的事实。"

陶先生还特意写了一首诗,表达了他对小学生们这次爱国之旅的支持：

> 一群小光棍，点点有七根；
> 小的是十岁，大的未结婚。
> 没有先生带，父母也不在；
> 谁说小孩小？划分新时代。

同时，他还给新安小学校长汪达之先生写了一封信，对这些学生的行为大加称赞，认为意义重大，值得宣扬。

一个小小的孩子旅行团，为什么会引起这么大的关注呢？

原来，孩子们在旅行途中，亲眼看到了外国人随意欺压中国人的情景，对当时中国现实社会中的种种不平等有了深刻的体会。

在参观工厂时，孩子们还亲自动手参加劳动，切身感受到工人们的艰辛，懂得了劳动创造世界的道理。

为了更好地接受教育和锻炼，孩子们还走上街头，卖爱国进步的报纸；也到一些学校里去演讲，向大家宣传爱国救亡的道理。

一时间，这个小小的儿童旅行团参与社会实践的做法在社会上引起了极大的反响，也使得许多爱国教育人士，包括新安小学的校长汪达之先生，认识到良好的社会实践对小学生成长的重要性。

汪校长觉得，眼下国难当头，学生们除了在学校里学习，应该担当起更多的社会责任，走出校门，从校外的各种救亡活动中接受爱国教育和生活锻炼。

于是，他决定组织一个规模更大的学生旅行团，到全国更多的地方去参加实践锻炼，宣传爱国救亡的道理。

汪校长的这一想法，得到了陶行知、吴耀宗、黄炎培、吴蕴初等著名教育家和社会贤达的支持和帮助。

1935年10月10日，一个以宣传抗日救亡精神为目的的少年旅行团体——"新安旅行团"，正式成立了。旅行团共有十五人，都是新安小学的进步学生，汪校长亲自担任旅行团的顾问。

这天清晨，在激昂的《义勇军进行曲》中，在人们殷切的期待和送别声中，这个孩子旅行团从新安出发了。

一路上，他们克服种种困难，住最简陋的旅店，吃最简单的饭食，不怕辛劳，长途跋涉，披星戴月，风餐露宿，小小的身心经受着一次次考验。

当汪校长带领学生到达南京，去拜访国民党南京市的市长马超俊时，原本不想接待这些孩子的市长，一见孩子们的面就蛮横地大声训斥道："你们这些小孩子，不在学校里好好读书，出来跑什么跑啊？"

汪校长却冷静地告诉他："马市长，现在国难当头，还有比读书更重要的事情需要孩子们去做呀！"

马超俊说："好好念书才是他们的本分，赶快带他们回去吧！"

可是，学生们却坚定地回答道："国家兴亡，匹夫有责。抗日救国，比念书更重要！"

马超俊又傲慢地说道："你们才多大？抗日救国是你们小孩子能做的吗？瞎掺和什么！"

这时，旅行团里一个名叫徐之光的孩子，站起来义正词严地说道："您说得不对！日本鬼子已经侵占了东北三省，小孩子都成小亡国奴了，难道不应该出来参加抗日救亡的运动吗？"

其他学生也纷纷表示："对，我们决不当小亡国奴！"

马超俊被孩子们辩驳得无言以对，只好不耐烦地说："我还有别的事情，不跟你们争辩了，你们最好赶紧回去！"

马市长蛮横的态度，让孩子们进一步认清了国民党反动派假抗日、真投降的嘴脸。不过，他们并不气馁，决心依靠自己的力量，继续前行，决不退缩！

这一天，孩子们一起去拜访了著名爱国将领冯玉祥将军。

当时，冯玉祥将军因为反对蒋介石"攘外必先安内"、对共产党大耍两面派的做法，已经被蒋介石卸去了兵权，没有什么实际权力了。

孩子们一见到这位赫赫有名的将军，都有点惊讶。因为冯将军穿得非常朴素，土布做的棉袄、棉裤，土布缝的棉鞋，看上去就像一个普通的农民，根本不像是一位高级将领。

冯将军请孩子们吃饭，饭菜也很简单，不过是大头菜、小米粥和馒头。可是，孩子们吃得很高兴。

冯将军说："小朋友们，你们是一群有志气的孩子，我从心底支持你们！唤醒民众，共同抗日，很有必要。你们的困难还有很多，但是你们一定要坚持下去，不要放弃！"

到了1938年夏天，日军进攻武汉，保卫武汉的战斗打响了。

得知这一消息后，孩子们冒着危险，连夜乘车赶往武汉。

到达武汉后，他们和抗敌宣传队、孩子剧团等社团成员一起，参加了各种抗日宣传活动。他们像先一步来到武汉的孩子剧团团员一样，在街头和剧院表演舞蹈等节目，受到了爱国群众的热烈欢迎。

这一年，是新安旅行团成立的第三年。陶行知先生从百忙之中赶来参加了"新旅"成立三周年的茶话会，鼓励孩子们说："了不起呀！今天，我不是你们

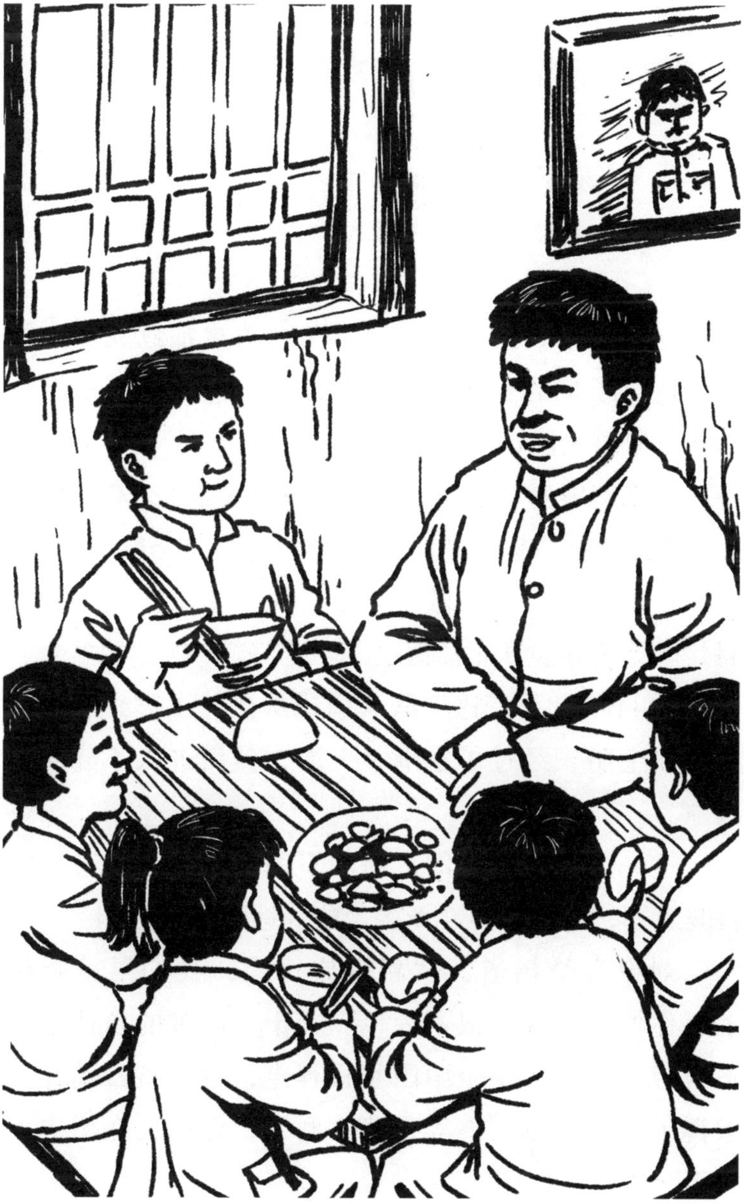

的老师，而是你们的学生，我要向你们学习。"

陶先生又作了一首诗称赞道：

人从武汉散，他在武汉干；
一群小好汉，保卫大武汉。

这年八月，武汉的抗日形势变得更加危急了。为了保证孩子们的安全，在武汉沦陷前两天，新安旅行团紧急撤离武汉，去往桂林。

"皖南事变"后，国共关系恶化。汪达之校长成了反动派搜捕的目标，"新旅"的处境变得十分危险。

这时候，周恩来做出指示，让"新旅"尽快撤退到共产党领导的苏北根据地去。

1941年春天，这一队小团员从桂林步行到湛江，从湛江上船，经过了香港、上海，然后进入了苏北根据地。

这一天，天气晴朗。新四军的领导者刘少奇、陈毅骑着马，特地赶到"新旅"的驻地看望学生们。

刘少奇赞扬道："新安旅行团，我们早就听说了，你们走到今天很不简单。在十分困难的条件下，不辞劳苦，在大半个中国积极奔走，宣传抗日精神，取得了很大的成绩。等抗战胜利了，你们会在历史上留下光辉的一页！"

陈毅也风趣地说："这样的旅行团，要得嘛！连我都想跟你们一道去做儿童工作呢！我提议，除了苏北的儿童工作，华中地区的也交给你们来做。第一步，先在苏北发展十万儿童！"

从1942年开始，"新旅"就在苏北展开了轰轰烈烈的宣传工作。

这时候，全团已经有一百多人。除了演戏、唱歌、朗诵，"新旅"还编辑出版了《儿童生活》《华中少年》《儿童画报》等进步儿童刊物，培养了许多小作者，也拥有一批忠实的小读者。

1945年，日本投降了，艰苦卓绝的十四年抗战取得了胜利。在战斗中成长起来的"新旅"的"红孩子"们，紧接着又投入到解放战争之中，去往祖国需要他们的地方……

马背上的摇篮

星期天的早上,
我一个人穿过静静的广场。
我看见大理石的纪念碑,
在美丽而辽阔的蓝天下,
高大而又辉煌。
仿佛一个巨人,
站在我们的大地上。
而青青的小草们,
就在纪念碑的脚下,
幸福地生长。
一朵朵无名的小花,

也在柔和的草丛间，

吐露着自己淡淡的清香……

于是我想到，

无名的小草和小花，

也许不知道纪念碑

在人们心中的重量，

但它们却懂得，

哺育着自己生长的这片土地，

正是昔日的英雄们，

淌着鲜血倒下的地方。

这首诗歌题为《我穿过静静的广场》。它让人联想到一朵过早凋谢的山丹丹，一个在战争年月里英勇献身的"红孩子"的故事……

那是在炮火连天的战争年代里，在中国的革命圣地延安。

当时，延安有一所著名的学校叫"延安保育小学"，在这里生活和读书的孩子中，有许多人的爸爸妈妈都在前方打仗，他们有的已经为革命牺牲了，还有的深入到了敌人后方，不知道什么时候才能回来。所以，这些"红孩子"有的已经成了孤儿，有的再也没有见过自己的爸爸妈妈。但他们都是革命者的后代，是党的孩子。

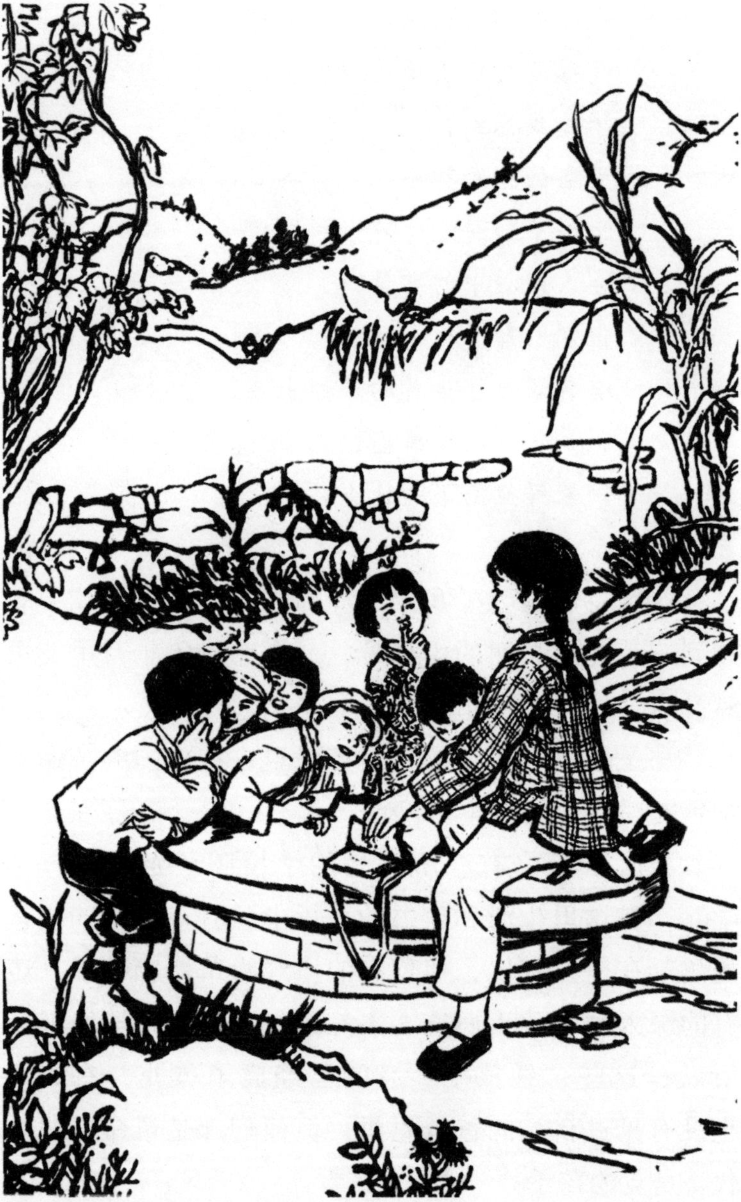

李湘是延安保育小学的一位小老师。当时她自己也还是个孩子，只有十几岁。可是，她像照顾自己的亲弟弟、亲妹妹一样，细心照看着这些革命者的后代，不仅给他们讲故事，教他们识字、唱歌、学文化，还给他们穿衣服、叠被子，照顾他们的生活。

那时候，国民党反动派经常派飞机轰炸延安。每次轰炸的时候，孩子们就得坐在马背上的摇篮里，向山里转移。转移途中，他们忍饥挨饿不说，有些孩子还在敌人的轰炸中失去了幼小的生命。

但是他们从来没有被敌人的炮火吓倒，也从来没有失去争取斗争胜利的决心和信心！

1947年的一天，敌人又一次派飞机来进行疯狂的轰炸，李湘为了保护这些"红孩子"，在紧急关头挺身而出，向着大路跑去，引开了敌人的飞机。

躲在山谷间的孩子们安全了，可是李湘却倒在了血泊里，鲜血染红了她身下的黄土地，年轻而美丽的她仿佛化作了山崖上火红的山丹丹……

"石榴花行动"

1946年,中国人民经过艰苦卓绝的十四年抗战之后,终于取得了伟大的胜利。但是,国民党反动派紧接着就发动了对共产党的全面"内战"。国统区的人民生活在贫穷和苦难的煎熬中,许多孩子都吃不饱、穿不暖,更谈不上进学校读书。黑暗的社会现实引起了全国人民的强烈反对,反内战、反饥饿、反压迫的浪潮,一浪高过一浪。

就在这一年的2月16日,一份面向少年儿童的报纸——《新少年报》,在上海诞生了。这是上海的几位地下党员在地下党组织的领导下,克服重重困难,为孩子们创办的一份宣传真理、宣传光明和进步精神的报纸。

《新少年报》一出版，就受到了小读者们的欢迎。《咪咪姐姐信箱》《哈哈大王测字摊》，还有《小孙七十二变周游列国》等有趣的栏目，深受孩子们的喜欢。报纸上也有许多文章是用童话故事等形式来反映当时的社会现实，揭露国民党反动派的丑恶面目的。

小小的报纸版面上，除了时事、知识、文艺版，还开辟有《少年园地》版，鼓励小读者们投稿、通信，同时也发展了许多小记者、小通讯员、小发行员等，在孩子们中间开展了做"小先生"、访贫问苦、助人为乐和取名为"石榴花行动"的多种形式的课外活动，使小读者们更深刻、更全面地了解国际和国内形势以及各种社会问题。

有一天，在《新少年报》主持《咪咪姐姐信箱》的编辑大姐姐吴芸红把一些向往进步的"红孩子"邀请到一起，关上大门，拉好窗帘，还让另外几个小朋友在弄堂口"望风"。正当孩子们纳闷的时候，吴芸红姐姐轻声说道："经过考查，组织决定让你们这些进步少年今晚去看一场红色电影，你们能严守秘密吗？"

"能！"孩子们不约而同地大声说道。

"嘘——"吴芸红姐姐赶紧把手指竖在嘴唇边，警惕地朝窗外张望了一下，看到没有什么异常动静，她才露出了笑容,告诉大家,"今晚要看的是一部讲述苏联少女英雄事迹的电影——《丹娘》。"

那天晚上,为了不引起反动派怀疑,孩子们都假装互相不认识,分头进入了大戏院。戏院里满满当当地坐了四五百人,都是上海市地下学联的进步学生。小学生们端端正正地坐在小板凳上。

当电影放映到女英雄丹娘被送上了绞刑架时,许多孩子再也控制不住自己的情绪,泪水扑簌簌地滚落下来。

这时,不知是谁高喊了一声"打倒法西斯!打倒国民党反动派!解放全中国!",顿时,整个戏院里群情激昂,青年学生们都站起来振臂高呼着口号,表达了渴望光明的心声。

那么,什么是"石榴花行动"呢?

原来,1948年1月1日,第60期《新少年报》的头版上刊登了这样一条"坏消息":近几日来,天气转冷,大雪过后滴水成冰,马路旁的流浪者、难民,每天都有冻死的可能,真是悲惨透了……

同时,头版上还刊登出了一条"好消息":中国儿童福利基金会配给本报社奶粉数桶,本报通讯员认为,应该尽快把这批奶粉送给贫寒的小流浪者和孤儿……

消息刊发的当天,几千份《新少年报》被免费分发到了街头。那些流落在街头的、衣衫褴褛的穷苦孩子看到了那条"好消息",赤着脚奔走相告,消息就这么一传十、十传百地传开了。

《新少年报》的编辑们经过商量,决定把这个分送奶粉的行动命名为"石榴花行动",于是,在接下来的一期《新少年报》头版上,又刊登了这样一条报道:

《石榴花》是本报刊载的连环画中一个美丽的故事,这个故事说的是,一个名叫石榴花的姑娘,到处帮助好人,消灭坏人。为了使大家幸福,她从不怕牺牲自己,因此她的名字永远留在人们的记忆里。本报通讯员是喜爱石榴花的,深深感到石榴花未完成的工作还有很多很多,这些工作要新一代石榴花来继承。

于是《新少年报》向小读者们发出了一个号召:"石榴花开遍上海,本报奶粉助贫寒,少年英雄齐出力。"

就这样,轰轰烈烈、救苦救难的"石榴花行动"开展起来了。

"国际救济总署"把几桶奶粉送到了《新少年报》报社,一桶奶粉有一百多公斤,报社的大哥哥、大姐姐和小通讯员们把它们分装成很多小袋,每袋大

约一公斤，然后又和一百多名小读者一起，分头来到南码头、十六铺、火车站、曹家渡、徐家汇等贫民窟分布的地方，把奶粉分发给贫寒、饥饿的孩子们。

当时，有一位妈妈住在一间破败的茅草棚里，自己已经饿得骨瘦如柴了，怀里的婴儿还在吮吸着她干瘪的乳房。就在小婴儿饿得不停地啼哭的时候，救命的奶粉送到了。这位妈妈感动得扑通一声跪倒在地，对报社派来雪中送炭的"石榴花"们千恩万谢……

"石榴花行动"不仅帮助一些苦孩子度过了生活极度困难的时期，也使身为小记者、小通讯员、小读者的"石榴花"们近距离地接触了劳苦人民，看到了国民党反动派的全面"内战"给人民带来的苦难和不幸。

后来,"石榴花行动"的影响越来越大,行动的范围也越来越广。"石榴花"们不仅派送奶粉,而且募集了许多棉衣,派发给那些贫穷的人家。有些"石榴花"甚至回家打碎了自己的储蓄罐,把零钱集中起来,买来面包等食品,送给那些没饭吃的流浪儿……

还有的小读者,在"石榴花行动"的启发和感召下,纷纷捐献出自己的书籍、本子等学习用品,送给贫穷的小伙伴们。

"石榴花行动"使《新少年报》赢得了更多家长和孩子的信任、拥护和喜爱,每次报纸出刊的前夕,都有许多孩子和家长热切盼望着邮差能早早把报纸送到。

报社的大哥哥、大姐姐们还培养和帮助一些"红孩子"成长,吸收一些渴望进步的孩子加入地下少先队。

1949年4月的一天,报社的四名小记者悄悄走进了另一个小伙伴的家里。五个人围坐在桌子周围,每人面前都摊开了一本课本,好像正在复习功课的样子。这是为了防止敌人突然进来检查。

不一会儿,报社的大姐姐、地下党员吴芸红悄悄推开门闪了进来。坐定后,吴芸红姐姐首先问道:

"你们为什么要参加少年先锋队？"

"为了打倒国民党反动派，让穷人有饭吃、有衣穿，使广大劳动人民都过上好日子。"

大姐姐笑着点了点头，继续问道："干革命就会有牺牲，你们怕不怕？"

大家异口同声地回答："不怕，不怕，怕死就不会来参加。"

接着，一个让孩子们期待的时刻到来了！五个孩子在吴芸红大姐姐的主持下，举行了庄严的入队宣誓仪式。

他们拿出事先准备好的一条红被面，代替红旗挂在墙上，然后五个人站成一排，举起右手，跟着吴芸红姐姐庄严宣誓："我志愿加入中国少年先锋队，决心同国民党反动派斗争到底。我一定严守秘密，遵守纪律，为祖国的解放事业贡献自己的一切力量！"

向往真理和光明的孩子们，都把《新少年报》当成自己的知心朋友和引路人，可是，国民党反动派却对这份小小的报纸十分惧怕，千方百计地阻挠报纸的出版发行。

《新少年报》出到第98期的时候，曾经刊出一则命题征文启事，作文的题目是：《假如我是……》。当时有一位小通讯员拿起笔来，写了一首叫《假如我是匕首》的小诗，送到了报社。小通讯员在诗里抒发了自己对黑暗的社会现实的不满和愤怒，表达了自己对美好的幸福生活的向往。

可是，一直到报纸出到第100期了，那首小诗也没有被刊登出来，而且新一期的报纸也迟迟没有被送来。这位小通讯员焦急地盼了好几天，总算盼到邮局寄来了新一期报纸。

这一天是1948年12月2日。这期报纸的头版头条上赫然刊登着编辑部写给小读者的一封告别信：《暂别了，朋友！》。信上写道：

亲爱的少年朋友们，我们被迫痛心地和各位暂别……编辑们卖掉了纪念戒指，当去了冬季大衣，凑了一笔钱来创办这份属于少年的报纸。我们在极端艰苦的条件下工作。大家都说，为了国家的未来，应该牺牲自己。但是我们被迫停刊了！

……

我们不要为离别而悲伤，相信黑暗定会过去，光明是属于大家的。在未来的光明日子里，我们不会再受任何恶势力的阻碍。

……

希望你们认清道路，努力上进，在不远的未来，我们一定会再见的。

让我们为未来的再见努力吧！

原来，《新少年报》被国民党反动当局查禁了。国民党教育局还专门发文给一些中小学，说《新少年报》"系共产党少年先锋队所办，专门煽动青年反抗政府……应予以禁止推销阅读"。

就在这期报纸上，那位小通讯员的小诗《假如我是匕首》被刊登出来了。诗中写道："假如我是匕首，誓以我自己锐利的钢刃，剁碎那贪官污吏和野心家的深褐色的心！"

原来，正是那些有着"深褐色的心"的反动人士，亲手扼杀了少年儿童们的知心朋友——《新少年报》。

那位小通讯员当时住在浦东，看到这一期报纸后，就立即坐上舢板，冒着寒风大浪渡江到了报社。

虽然报社的屋子还在，里面却已经空了。

"大哥哥、大姐姐，你们在哪里？我们需要你们啊！《新少年报》，我们需要你啊！"这位小通讯员难过地在心里呼喊着。

不过，反动派虽然查禁得了《新少年报》，却永远也清除不了《新少年报》播在千万个孩子心中的追求真理和向往光明的火种！

不久，一本名为《青鸟》的儿童刊物，刊载着和

《新少年报》一样风格的带有讽刺意味、抨击黑暗现实的诗歌、童话等作品，又悄悄地被送到了小读者们的手中……

刊物上的题花、插图，以及故事的风格，让每一个读过《新少年报》的孩子只要看一眼就会明白，《新少年报》又回到了他们身边……

原来，这本《青鸟》正是报社的大哥哥、大姐姐们新创办的。许多《新少年报》的小通讯员立即就认出了，《青鸟》就是《新少年报》的化身！《新少年报》虽然被查禁了，但是它以象征光明的"青鸟"的形象，又飞回到孩子们中间，给孩子们带来了新中国的春天即将来临的喜讯……

女英雄刘胡兰

　　1947年，正是中国共产党领导的人民解放战争进行得如火如荼的日子。这年早春时节，山西《晋绥日报》连续两天刊登了一位女英雄刘胡兰的故事。从此，刘胡兰，这位在敌人的屠刀面前英勇无畏、视死如归的女英雄的名字和事迹，就在中华大地上到处传扬开了。

　　1932年10月8日，小胡兰出生在山西省文水县云周西村的一个贫苦的农民家庭里。乡亲们都叫她"胡兰子"。

　　胡兰子八岁的时候，开始在村里的小学堂念书。那时候，八路军已经来到了她的家乡，抗日的烽火正在全国各地燃烧。八路军和游击队英勇打击日本侵略者的故事，让她对共产党领导的抗日队伍产生了无限的向往和热爱。

胡兰子刚满十岁的时候，就报名参加了村里的儿童团，经常和小伙伴们一起为八路军站岗放哨、传送情报。

有一次，八路军包围了日本军的一个团，县妇女部部长组织民兵担架队支援前线，胡兰子和几名年轻妇女也很想参加。

这时，部队首长劝她们说："你们年纪还小嘛，上前线可不是闹着玩的，炮弹可不长眼睛啊！"

胡兰子听了，坚定地说道："八路军战士们不怕死，我们为什么怕呢？首长不是经常说吗？抗日不分男女老幼，爱国不分先后。"

"哈，还一套一套的呢！蛮有道理嘛！"

于是，部队首长批准她和姐妹们上了火线。

在战场上，胡兰子一会儿为伤员清洗和包扎伤口，一会儿给战壕里的八路军战士运送弹药，直到战斗结束才撤回来。

这一年，刘胡兰才十三岁。

1945年10月，因为在儿童团里表现得十分机智勇敢，村里的妇救会推荐刘胡兰参加了中共文水县委举办的"妇女干部训练班"。

培训结束后，胡兰子回村担任妇救会的干事。第二年，组织上又调刘胡兰担任山西省第五区"抗联"妇女会干事。

这一年六月，党组织吸收刘胡兰为预备党员，还把她调回云周西村，领导当地的土地改革运动。

日本投降后，1946年秋天，国民党反动派开始大举进攻山西解放区。为了保存革命实力，中共文水县委决定留下一小支武工队坚持地方斗争，将大部队转移到山区去。

当时，十四岁的刘胡兰也接到了上级的转移通知。不过她想，自己是预备党员，在家乡有过多年的斗争经验，熟悉家乡的每一条小路、每一户人家，秘密发动群众、配合武工队行动，都是十分便利的。因此，她请求留在村里，继续坚持斗争。

云周西村的伪村长石佩怀，是一个非常反动的家伙。他和国民党反动派沆瀣一气，经常欺压村民，专门和共产党作对，被老百姓视为当地的一大祸害。

为了平息民愤，党组织决定铲除这块"绊脚石"。

1946年12月的一天，刘胡兰和武工队队员们一起，抓住了这个欠下许多血债的伪村长，将他处死了。

国民党反动派恼羞成怒，决定对云周西村实施报复。

1947年1月12日这天早上，天蒙蒙亮的时候，刘胡兰就起来了。头天晚上，她接到了上级通知，让她马上转移上山。

转移之前，她需要把手上的一些机密文件全部烧毁，还把要转移上山的消息告诉父母。

就在全家人忙着为她收拾行李的时候，村口传来了阵阵枪声和脚步声。原来，盘踞在县城的国民党军队和当地的地主武装已经包围了云周西村，封锁了所有路口。

不一会儿，街上就响起了急促的敲锣声。

敌人的狗腿子们沿街叫道："各家各户听着，一家只许留一个人，留下两个的，就按私通共产党罪论处。"

当时，刘胡兰正藏在村里的一位待产的妇女金钟嫂家里。刘胡兰当然不愿意连累金钟嫂，就毅然走出屋门，朝村前的大庙走去。

隐藏在村里的一个国民党的狗腿子武金川，忽然在人群里发现了刘胡兰，就蹿过来威胁她说："小小的云周西村，已经被包围得水泄不通了，连一只苍蝇也休想飞出去！刘胡兰，你这个共产党的妇女会干事，只要肯自首坦白，我们就可以饶了你！"

刘胡兰狠狠地瞪了这个无耻的家伙一眼，说："要我自首？休想！"

"哼哼，都死到临头了，你还嘴硬，等着瞧

吧！"

刘胡兰清楚，一场生死考验就在眼前。

她悄悄地把戴在手上的一个戒指脱下来，又把身上的一块手绢和一小盒万金油也拿了出来，郑重地交给了被赶到大庙前的妈妈。

她知道，敌人是不会轻易放过她的，她已经在心里做好了和敌人同归于尽的准备。

刘胡兰的妈妈胡文秀看着女儿这样郑重地交给她三样东西，心中已然明白，胡兰子凶多吉少了。妈妈非常难过，眼泪止不住地流了下来。

"不要难过，也不要怕！妈，胡兰子是党的人，共产党会为我报仇的！"

这时候，几个敌兵扑上来要抓刘胡兰，乡亲们都靠在一起保护她。

敌人开始用枪托殴打群众，刘胡兰怒喝道："住手！不要伤害无辜百姓！我自己会走！"

说完，她就昂首挺胸地向大庙走去。

这时候，刘胡兰看到，敌人已经把石三槐、石六儿等六位同志抓了起来。

她走进大庙，和石三槐等六位同志互相看了一眼，默默地致意之后，就被押进了大庙的西厢房里。

审讯刘胡兰的家伙，是国民党阎锡山军队的一个连长，名叫张全宝。因为武金川的指认，张全宝已经知道了，刘胡兰是被捕人员中唯一的一名共产党的干部，也是年龄最小的一个。

看到刘胡兰进来了，张全宝劈头就问："你就是刘胡兰？"

"我就是刘胡兰，你想怎么样？"

"那你替八路干过事喽？"

"当然了，只要能办到的事情，我都做过。"

"好！痛快！"张全宝继续问，"那你是共产党员吗？"

"是又怎么样？"

"你们村还有谁是共产党员？"

"就我一个！"刘胡兰回答道。

"怎么可能呢？你们共产党那一套我清楚得很！"

"那你还问什么？"

张全宝愣了一下，恶狠狠地说："小小年纪，这么嘴硬！你就不怕死吗？"

"怕死就不是共产党员！"

张全宝明白，共产党员都是从里"红"到外的，来硬的肯定不行，于是眼珠一转，换了一副嘴脸，皮笑肉不笑地说："小姑娘，我看你年幼无知，跟着共产党走了弯路，情有可原。今天只要你能自首，我们可以既往不咎，还可以放你一条生路，要钱就给你钱，要地就给你地……"

"呸！不许你侮辱共产党人！"刘胡兰打断他的话，"就是给我个金娃娃，我也不会稀罕！要我投降？痴心妄想！"

张全宝见威逼和利诱都不起作用，就疯狂地咆哮着："把他们六个人都给我押过来！"

石三槐、石六儿等六人被五花大绑地押到了刑场上。

敌人用刺刀逼迫着群众："你们说，他们是好人还是坏人？"

"好人！好人！他们全是好人！"

群众情绪激愤，就像一堆熊熊燃烧的烈火。

张全宝面对群众的呼喊声，气急败坏地命令手下架起了机枪。接着，他又疯狂地喊道："给我抬家伙来！"

敌人抬过来三口明晃晃的大铡刀。

一场残忍的大屠杀开始了！

这些丧心病狂的敌人，就在乡亲们和刘胡兰的注视下，用铡刀把六位革命者残忍地杀害了，殷红的鲜血，染红了云周西村大庙的石头台阶。

乡亲们的眼睛像是要喷出火来，他们愤怒地盯着这些野兽一样的敌人。

刘胡兰悲愤交加。

这时候，禽兽一样的张全宝又跳到刘胡兰面前，张牙舞爪地吼叫道："说！你到底坦白不坦白？不说，他们的下场也就是你的！"

刘胡兰恨不能让自己的双手变成钢刀，砍向这个毫无人性的刽子手！她没有丝毫的畏惧和胆怯，眼睛里喷出的只有仇恨和愤怒的火焰。

她狠狠地瞪着大胡子连长，厉声说道："禽兽！要我投降，办不到！"

"那好吧，机枪手，给我准备射击！"

张全宝准备屠杀无辜群众了。

这时候，刘胡兰上前一步，怒喝道："住手！你

们这些丧尽天良的禽兽！我刘胡兰一人做事一人当，不要伤害老百姓！"

"那我就成全你！"张全宝像疯狗一样咆哮着。

刘胡兰用轻蔑的眼光盯着他，大义凛然地说道："用不着这么张牙舞爪的！说吧，我怎么个死法？"

这一句问话，把张全宝吓得浑身哆嗦。他红着眼睛喊道："一个样。"

就这样，刘胡兰面不改色，视死如归，在敌人的铡刀下，慷慨就义了！

这一年，刘胡兰只有十五岁。

这年三月，毛泽东主席得知了刘胡兰的英勇事迹后，怀着惋惜、崇敬和怀念的心情，为这位顶天立地的女英雄题写了八个有力的大字："生的伟大，死的光荣。"

"监狱之花"小萝卜头

许多人都看过电影《烈火中永生》。那么,你们一定记得在敌人的监狱里,那个有着大大的脑袋和明亮的大眼睛,经常双手攀着铁丝网看着外面的世界的"小萝卜头"吧?

"小萝卜头"这个电影形象的原型,名叫宋振中。他的爸爸妈妈都是共产党员,在黑暗的年代里,他们为了中国人民的自由解放,同国民党反动派进行了英勇的、艰苦卓绝的斗争,最后都不幸被捕了。

那时,小振中才刚刚八个月,就随父母一起被关进了监狱。他和妈妈一同被关在女牢里,成了有史以来最小的"政治犯"。

因为在监狱里营养不良,他虽然已经八九岁了,却只有四五岁的小孩子那么高,瘦得皮包骨头,脑袋也显得特别大。所以,监狱里的叔叔、阿姨们都疼爱地叫他"小萝卜头"。

面对敌人惨无人道的折磨和监狱里的艰苦生活,还有爸爸妈妈和叔叔、阿姨们与敌人进行的英勇斗争,小萝卜头渐渐懂得了不少革命道理。在他幼小的心灵里,埋下了热爱共产党、热爱祖国和人民、痛恨国民党反动派的种子。

有一次,小萝卜头正在地上算算术,一个女看守隔着铁门对他说:"你叫我一声阿姨,我就放你出来玩耍、晒太阳。"

小萝卜头回答她:"你是迫害共产党员的特务,我才不叫你阿姨呢!"

看守又拿出糖果诱惑他:"叫呀,叫了我就给你糖吃。"

"呸!谁稀罕坏蛋特务的糖!"

本来,小萝卜头这个年龄正是应该上学的时候,可是,因为他的爸爸妈妈是在押的"政治犯",所以反动派不许他上学念书。

小萝卜头的爸爸宋绮云据理力争,要为年幼的孩子争取到上学读书的权利。为此,他和难友们一起提出了这个正当的要求。可是,监狱长一听,哈哈大笑起来，说道："简直是异想天开，这里是监狱，还想读书，别做梦了。"

这可怎么办呢？难道要一直这样耽搁小萝卜头上学的时机吗？晚上，爸爸和难友们在监狱里商量了一个办法，他们决定集体绝食，以此来为小萝卜头争取读书的权利。

第二天，当一个特务提着饭桶来到监狱的时候，所有人看都不看他一眼。集合的时间到了，大家仍然一动不动。

"哼，我就不相信他们不想吃饭！你去做些好东西来，看他们吃不吃！"监狱长吩咐一个特务说。

中午，特务将一桶冒着热气的米饭和鱼肉放在监狱里。有的难友几年都没有吃上一点荤菜了，但是他们依旧岿然不动，就像没有看到那些饭菜一样。

等到特务再次来到监狱查看，发现那些饭菜依旧动都没动。

特务将这一情况报告给了监狱长，监狱长慌了。他怕这么下去"上峰"会怪罪下来，于是做出了让步。

他答应了小萝卜头的爸爸和难友们的要求，同意让小萝卜头上学念书，但是有一个条件："老师"得由一个特务来担任。

小萝卜头的爸爸坚决不同意这种做法。他说："你们这样做，不是在教育孩子，而是把孩子推进深渊！让一个坏人来教孩子，等于把孩子给毁了。"

经过再次斗争，反动派最终同意了，由监狱中的一个"政治犯"罗世文来教小萝卜头念书。

罗世文被捕前是中共四川省委书记，很有学问，他很高兴能当小萝卜头的老师。他对监狱里的难友们说："我们干革命的目的，就是要彻底打倒反动派，建设新中国。革命靠什么？靠的是我们的前仆后继、奋斗不息。孩子是我们祖国的未来，我一定好好教小萝卜头学习文化。"

小萝卜头的妈妈花了整整一个晚上，将节省下来的土纸仔细地订成了一个本子，给小萝卜头当写字本用，又把一截很短的铅笔头削好了，给小萝卜头写字用。

第二天一早，妈妈把这个特殊的写字本和一截铅笔头交给了儿子，疼爱地对他说："孩子，你可要好好学习啊！你要知道，这样的学习机会，是爸爸和监狱里所有叔叔、阿姨同敌人斗争来的结果！要听罗叔叔的话，好好学文化，学好了本领，将来建设我们的新中国……"

小萝卜头仰着面黄肌瘦的小脸，使劲地点着头，说："妈妈，你放心，我一定会好好学习的！"

从此，小萝卜头就跟着罗世文叔叔学习文化了。

罗叔叔说："孩子，从现在开始，我们就正式上课了。今天，我们上第一课，我教你一句，你跟着我念一句。"

小萝卜头认真地点点头。

"我是一个好孩子。念。"

"我是一个好孩子。"小萝卜头一板一眼地念着，稚嫩的声音在牢房里回响。

可是不久，残忍的反动派就把罗世文叔叔杀害了！小萝卜头又跟着黄显声将军继续学习。

黄显声将军是一位爱国抗日将领，因为反对蒋介石打内战，也被特务关进了监狱里。

小萝卜头跟着黄将军学习期间，还在监狱里秘密地为叔叔、阿姨们传送着一些革命的消息。

当时，重庆地下党创办了一份报纸叫《挺进报》，印刷了大量的革命传单，对开展革命斗争起了非常重要的宣传作用。可是，因为可耻的叛徒的出卖，报社的领导人陈然被敌人逮捕了。

这一天，小萝卜头照常去上学，发现老师隔壁的牢房里进来了一个新犯人。

他好奇地走过去问道："你是新来的？你叫什么名字？"

里面的人迟疑了一会儿，艰难地走到门口，对站在外边的这个小孩回答道："我叫陈然。"

"反动派审问你了吗？你说了吗？"

陈然摇了摇头，然后问道："孩子，告诉我，你是谁？你在这里多长时间了？"

"我在这里好多年了，他们都叫我小萝卜头。"说完，小萝卜头警觉地向四周张望了一下，小声说，"我要走了，下次我再来看你。叔叔再见！"

小萝卜头来到黄将军的牢房里，把刚才的情况描述了一番。

黄显声将军就写了一张纸条，叫小萝卜头下课的时候偷偷交给难友许晓轩。

再次上课的时候，有一张小纸条传到了陈然手里……

就这样，在监狱里面，中共地下党支部成员，通过小萝卜头传递纸条，又秘密地接上了头。

陈然向地下党支部提议，在监狱里把《挺进报》办下去。

经过多次努力，《挺进报》就在监狱里面"出版"了。

当然，这不是真正的"出版"，也不是"油印报纸"，而是一张张小小的纸条，纸条上面有时只有简单的几行字，例如：

"辽沈战役我军取得重大胜利，全歼敌军四十七万人。"

"东北解放！"

"国共谈判，共产党要求释放'政治犯'。"

那么，在反动派的魔窟里面，这份特殊的报纸是怎么"编发"的呢？

原来，黄显声将军在监狱里有一点特殊的待遇：可以阅读报纸。每次读完报纸，他就将一些重大新闻的条目摘录下来，然后由小萝卜头送到陈然那里，陈然再将这些信息整理和编辑一番，最后由小萝卜头分发给各位难友。

每阅读完一期这样的"报纸"，难友们都期待着下一期，渴望得到更多更好的消息。这份特殊的《挺进报》，让监狱里的共产党人和进步人士备受鼓舞。小萝卜头成了这份狱中"报纸"的"小小发行员"。

小萝卜头还梦想着有一天，能够自由地到监狱外面的草地上去唱歌，去奔跑，去和小伙伴们做游戏……

有一天，一只漂亮的蝴蝶从高高的天窗飞进了小萝卜头的牢房里。小萝卜头把蝴蝶抓住了，高兴地捂在手心里。

他很喜欢这只蝴蝶，小心翼翼地把它放在了一个火柴盒里。不过，他转念一想：这样一来，美丽的蝴蝶不也像自己一样，失去了自由吗？失去自由是多么可怜呀！

于是，心地善良的小萝卜头就赶紧打开火柴盒，把蝴蝶放走了。蝴蝶绕着屋子飞了两圈，就从天窗飞了出去，消失在天空中了。

小萝卜头仰头看着蝴蝶慢慢地飞走了。他是多么羡慕这只蝴蝶呀！他想：什么时候，我也能离开这深深的监狱，奔跑在外面的草地上呢？

可是，凶残的敌人并没有放过这个无辜的孩子。

随着人民解放军的节节胜利，国民党反动派狗急跳墙，开始疯狂地屠杀监狱里的共产党人和"政治犯"。

1949年9月6日，小萝卜头的爸爸妈妈被国民党特务残忍地杀害了。接着，小萝卜头也没能幸免。小萝卜头死时只有九岁！

他是带着对敌人的仇恨和对美好生活的向往，在新中国的黎明即将到来的时候，离开这个世界的。

新中国成立后,政府追认小萝卜头宋振中为革命烈士。人们怀着无限的敬意沉痛地怀念他,称他是中国和全世界"最小的烈士"。

战火中的小图书馆

　　1946年春天，12岁的少年林森火，参加了家乡浙江省玉环县的地下儿童团，被选为儿童团团长。

　　儿童团成立后，老师们经常给小团员们讲述解放区的"红孩子"们和地主、资本家做斗争的故事。小森火很受鼓舞，工作更加积极了。他决心也要像那些"红孩子"和小英雄们一样，不怕困难，敢于战斗，为革命事业做出自己的贡献。

　　那时候，他常常在深夜里帮助老师印刷革命传单，然后趁着乡亲们都在赶集的时候，到人群集中的地方散发，鼓动群众起来和镇上的反动警察、渔霸斗争。

当时，经常来给儿童团的孩子们讲课、辅导的是两位共产党员，他们每次都会带来一些有趣的书，有解放区的小说《吕梁英雄传》，苏联小说《铁木儿和他的队伍》《钢铁是怎样炼成的》，有童话《红鬼脸壳》《大林和小林》，等等。

小森火带领着小伙伴们一面四处宣传革命道理，一面积极学习文化，把叔叔们送来的每一本书都读得十分仔细。

后来，他们干脆搭起一座小草棚，在贫穷的乡村办起了一个小小的地下图书馆，把先进的文化知识和伟大的革命道理传播给那些穷苦乡亲。孩子们也从书本中吸取了力量，他们想象着，将来有一天，能坐在明亮的房子里读书、学文化。

草棚子虽然很小，却吸引了越来越多的儿童团团员和穷孩子。小小的图书馆就像黑夜里的一团篝火，温暖着穷苦孩子的心，使他们看到了光明和希望，学到了文化，懂得了许多革命的道理。

可是，国民党警察对这个小小的图书馆十分忌惮，他们扬言要抓住林森火，查封图书馆。

小森火得知消息，迅速把图书转移到了安全的地方。他对小伙伴们说："不要怕，虽然现在艰苦一点，但等革命胜利了，新中国成立了，我们就会有自己的明亮的大图书馆了！"

1947年，国民党反动派不甘心接受自己即将灭亡的命运，变得越来越猖狂了。这时候，玉环县的许多共产党员都被敌人抓了起来，地下党开展活动时也不得不变得更加小心了。

由于儿童团团员们年龄小，不容易引起敌人的注意，所以党组织让林森火和另一名儿童团团员从事地下党秘密交通员的工作。

从此，不管是狂风暴雨的夜晚，还是大雾迷漫的黎明时分，不管是酷暑还是严冬，只要有了任务，林森火和小伙伴总能及时地把情报和信件传送到游击队的驻地。

有一天深夜，外面下着瓢泼大雨，林森火收拾好小图书馆的书籍，正要躺下休息，地下党员李老师冒雨前来，悄悄告诉他："刚刚得到一个重要情报，明天敌人要去搜山，有一封信件，得马上送到游击队那边去。"

森火明白，这个任务十万火急，关系到山上游击队几十名队员的安危。事不宜迟，森火二话不说，冒着大雨就出发了。

因为这个情报送达得及时，第二天，敌人上山搜查时，游击队早就撤到安全的地方去了，凶恶的敌人扑了个空，只好悻悻地返回。

又有一次，森火和小伙伴上山送信回来，游击队

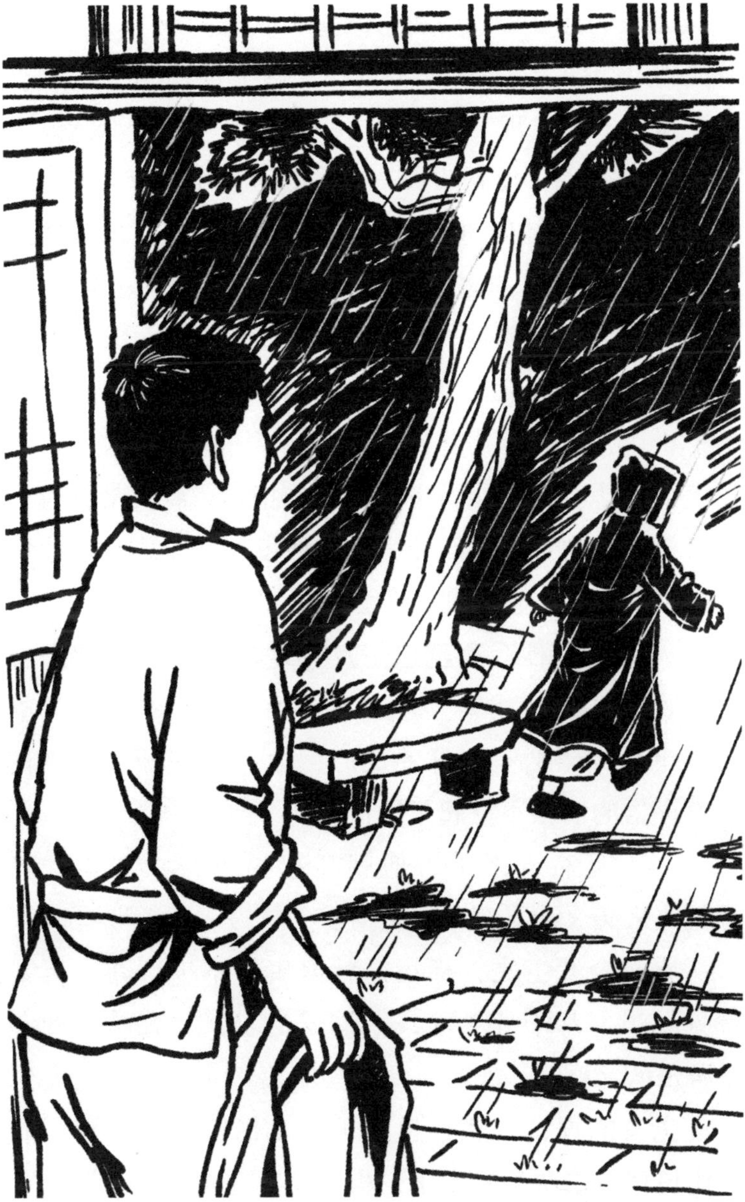

队长让他们把标语和传单带到镇上张贴和散发。

森火想：万一在回来的路上遇上巡逻的敌人怎么办？敌人一旦发现了这些印刷品，麻烦可就大了。

这样想着，他朝四周一看，顿时有了一个主意。

他们机警地躲进了附近的一座破庙里，把印刷品埋进了佛像前面的香炉里。果然，没过一会儿，就走来了几个巡逻的敌兵。

敌人来到庙里一看，是两个孩子坐在庙前的台阶上下棋玩，就只好骂骂咧咧地走开了。

到了黑夜，按照游击队队长的指示，森火带领着小伙伴悄悄来到镇上，四处张贴和散发这些印刷品。他们反应机敏，动作也麻利，一会儿就完成了任务。

天刚亮，林森火就迫不及待地起来了。他想去看看昨晚的"战斗成果"，看看镇上的人们看到这些革命传单和标语会有怎样的反应。他扛上一捆甘蔗，在贴着标语的墙根下摆起了地摊。

一看见有人来了，他就亮起嗓子喊："买甘蔗呀！快来买又甜又粗的甘蔗呀！"

不一会儿工夫，标语前就聚集了不少群众。大家看见标语，都十分激动，悄悄议论着："好哇！肯定是游击队又回来了！"

也有的说："嘿！黑狗子们（指镇上的警察）前天还说把游击队给赶跑了，根本就是在吹牛嘛！"

这时，来了几个巡逻的"匪兵"。他们一看见标语，又是惊恐又是气恼。惊的是好像游击队随时都会下山来收拾他们，气的是游击队怎么如此神出鬼没呢！

林森火把这一切都看在眼里，心里正在偷着乐呢！

1949年4月，在一次次战斗中百炼成钢的林森火，当上了全镇的儿童团团长。他觉得，自己肩上的担子更重了！

当时，他的家乡正处在海防前线。每逢镇上的解放军到外地作战的时候，敌人就会从沿海一些岛屿回陆地上来侵扰乡亲们。

1950年7月的一个清晨，疯狂的敌人趁着解放军外出执行任务的时候，又把镇子包围了。解放军主力离开了镇子，镇上的兵力不足，形势十分危急！

"不行！必须立刻给解放军送信去，好让他们火速赶回，不然，后果会十分严重！"危急时刻，林森火主动请战，承担了去给解放军送信的紧急任务。

林森火想方设法，冲出了敌人的重重包围，顶着火辣辣的太阳，一口气跑了几十里路，终于找到了解放军，通报了镇上的危急情形。

解放军获知消息，马上集中兵力，以迅雷不及掩耳之势赶回了镇子，把这股敌人给"包了饺子"。

这年年底，因为多次表现出色，十六岁的林森火光荣地加入了中国新民主主义青年团。

1950年11月20日,森火正在学校上课,远处突然响起了激烈的枪炮声。看来,海上的敌人又来侵扰了。

为了保护大家的安全,老师要求同学们立即疏散,回到各自的家中,并让林森火护送一些小同学回家。

完成任务后,林森火又返回了镇公所,主动问镇长还有什么事情需要他做的。镇长说:"森火啊,你来得正好,我们正打算派人去后山上给解放军送子弹呢。"

林森火听了,赶紧扛起一箱子弹,跟随着几个民兵往山上奔去。

当他们赶到山上的时候,解放军的子弹刚好用完,森火他们真是雪中送炭。不一会儿,解放军的机枪又嗒嗒地扫射出了正义的子弹。

看到这么激烈的战斗场面,林森火热血沸腾,对解放军叔叔请求道:"叔叔,我也加入你们的队伍吧。"

"不行,这里危险,你赶快下去!"

林森火只好极不情愿地离开了阵地。

这时,他发现一位炊事员叔叔正挑着一担馒头往山上赶来。

对呀!我可以帮炊事员叔叔干点活,把馒头送到阵地上去嘛！这样一想，他就急忙奔了过去。

就在这时，只听轰的一声，敌人的一颗炮弹在森火身边爆炸了！英勇的少年林森火，应声倒在了硝烟之中，年仅十六岁。

为了人民的解放事业，林森火献出了自己年轻的生命。

新中国成立后，为了纪念这位少年英雄，政府向林森火的家人颁发了由毛泽东主席签署的"革命英雄纪念证"。林森火的家乡坎门镇的儿童团，把林森火生前创办的小图书馆改名为"森火图书馆"。林森火贴过革命传单的小巷，被命名为"森火巷"。玉环县烈士陵园还专门建立了一个"林森火纪念室"，陈列了一些林森火的遗物供人们瞻仰。林森火当时上学念书的母校——玉环县坎门镇中心小学，如今也改名为"玉环县林森火小学"。

少年林森火虽然永远离开了我们，但是他的革命精神是不朽的。他是中国少年先锋队的骄傲。